MANUEL
DES
CLERCS DE NOTAIRES.

PREMIÈRE PARTIE.

Notions préliminaires, Lois sur l'organisation du Notariat et sur le timbre, formules, etc.

SENLIS,
Chez TREMBLAY, Imprimeur-Libraire.

1819.

AVERTISSEMENT.

Ce Manuel a été composé uniquement en faveur des *jeunes clercs de notaires*.

L'Auteur a remarqué (et il y a plus de 12 ans qu'il travaille dans cette partie) qu'il n'existait encore aucun traité du notariat qui fût vraiment élémentaire, à la portée des commençants.

Il a donc entrepris cet ouvrage, non par ambition, mais dans la vue d'être utile à ses jeunes confrères, surtout à ceux qui ne font qu'entrer dans la carrière. Puisse-t-il leur convenir et commencer avantageusement leur instruction!

Si cette première partie était accueillie favorablement, la seconde ne tarderait pas à paraître.

MANUEL

DES

CLERCS DE NOTAIRES.

MANUEL
DES
CLERCS DE NOTAIRES.

PREMIÈRE PARTIE.

NOTIONS PRÉLIMINAIRES.

INTRODUCTION.

Le nom de *Clerc* (1) était un titre commun à divers offices, commissions et fonctions qui avaient rapport à l'administration de la justice et de la police.

On appelait *clerc d'avocat* celui qui travaillait habituellement chez un avocat à copier ses consultations et toute autre écriture du ministère d'avocat.

(1) L'étymologie de ce mot n'a aucun rapport avec sa signification actuelle : *clerc* vient du latin *clerus* ou *clericus*, formé du grec *klêros*, sort, ce qui est échu par le sort. Sous Charles V, *clerc* et *homme savant* et *lettré* étaient des termes synonymes. Rien n'empêche que, de nos jours, l'ambition des clercs ne se dirige à valoir encore cette synonymie.

INTRODUCTION.

Les clercs de procureurs (ou d'avoués) sont ordinairement des jeunes-gens dont l'objet est d'apprendre la pratique judiciaire, connaissance nécessaire à tous ceux qui concourent à l'administration de la justice. C'est pour cela que le lieu où les clercs travaillent se nomme *étude*. Celui qui est le premier de l'étude prend le titre de *maître clerc*.

On appelle encore *clercs* les jeunes-gens qui travaillent chez un notaire (1) à rédiger ou expédier les actes qu'il reçoit comme notaire. (*Ancien Répertoire de jurisprudence.*)

A Paris, un clerc ne peut être admis dans une étude, sans le consentement du notaire qu'il quitte. (*Arrêtés de la Chambre des* 6 *décembre* 1668 *et* 1.er *juillet* 1708.)

Le principal clerc d'un notaire décédé ou démissionnaire ne peut quitter l'étude que trois mois après la réception du successeur. (*Arrêté de la Chambre des Notaires de Paris du* 11 *octobre* 1771.)

D'après plusieurs arrêtés de la chambre des notaires de Paris, les clercs qui travaillent chez des notaires de son ressort, sont tenus d'aller se faire inscrire sur un régistre que garde le secrétaire, dans les trois mois de leur entrée chez les notaires, ou de muta-

(1) Voyez, au chap. IV, l'origine et la définition du mot *notaire*.

tion de grades. Cette inscription se fait sur le certificat délivré par les notaires dans les études desquels travaillaient ces clercs avant leur mutation.

Cette forme a été adoptée pour constater d'une manière exacte, le temps de stage prescrit par la loi aux clercs de notaires, et afin de prouver qu'ils l'ont rempli sans interruption jusqu'au moment où ils se présentent pour être pourvus de la commission de notaire. (*Manuel-pratique du notariat, par M. Fleury.*)

Un jeune-homme qui se place chez un notaire avec le désir d'exercer quelque jour cet emploi, doit avoir fait quelques études, écrire proprement, surtout bien connaître sa langue (1) et toutes les règles de l'arithmétique.

Il doit oublier les jeux de l'adolescence, pour ne s'occuper que de l'état qu'il embrasse, pour s'y livrer entièrement.

---

(1) Certes, il est bien à regretter qu'une étude approfondie de la langue ne soit pas l'une des conditions nécessaires pour la nomination des notaires. Quel état exige plus de clarté, plus de précision dans le style, plus de propriété dans les termes, plus de netteté dans la construction, plus de soin jusques dans la ponctuation? Le repos des familles, le besoin de la confiance, l'amour-propre même, tout doit porter les clercs de notaires à se livrer sérieusement à cette étude indispensable pour leur profession future. (*M. Fontaine.*)

Il doit être soumis au premier clerc, complaisant envers les autres, poli, honnête avec tout le monde.

Il peut certainement faire son profit de ce qu'il voit et entend des affaires de l'étude, mais rien n'en doit transpirer : la moindre indiscrétion de sa part peut entraîner de graves inconvénients, et causer un tort infini soit au notaire chez lequel il est, soit à ses clients !

Qu'il apporte une extrême attention à ce qu'on le charge de faire; qu'il cherche même à retenir dans sa mémoire les clauses ordinaires des actes qu'il copie, et à en pénétrer le sens et la valeur.

Que surtout il sache profiter des moments de loisir qui lui sont accordés, pour lire et étudier nos lois.

Enfin, que sa conduite soit sage et régulière ; alors, il inspirera de l'intérêt à toutes les personnes qui le connaîtront, il captera leur bienveillance et leur estime, gagnera leur confiance, et pourra espérer d'avoir un jour la satisfaction d'être promu aux fonctions de notaire, honorable récompense de ses peines !

A son entrée dans l'étude, on lui donne des actes à expédier (1), il apprend d'abord

---

(1) Un arrêté de la chambre des notaires de Paris, du 10 septembre 1807, recommande aux notaires

de ses camarades la manière de plier son papier (1) : du reste, il trouvera, dans les chapitres suivants, les premières instructions qui lui sont nécessaires.

---

la stricte exécution des règlements, portant que les minutes, grosses, expéditions, copies ou extraits de leurs actes, ne peuvent être faits que par les clercs qui travaillent dans leurs études.

(1) Un arrêt du parlement de Paris, du 4 septembre 1685, ordonnait de laisser trois doigts de marge dans toutes les pages des actes, pour y ajouter commodément les apostilles qu'il conviendrait d'y mettre. En effet, il est d'usage, chez les notaires, de plier le papier timbré en quatre parties égales, dont la première sur la gauche forme la marge.

CHAPITRE I.

§. Ier. DES EXPÉDITIONS D'ACTES NOTARIÉS.

On entend par *expéditions* les copies littérales que délivrent les notaires, des minutes restées en leur possession.

Les *minutes* sont les originaux des actes qu'ils reçoivent, tels que baux, ventes, contrats de mariage, etc. Ces minutes ne sortent point de leur étude.

Les *expéditions* ne doivent contenir que 25 lignes à la page, et 15 syllabes à la ligne : néanmoins si quelques pages d'une expédition contenaient tantôt plus tantôt moins que 25 lignes, il s'établirait compensation d'une feuille à l'autre, de manière qu'il n'y aurait pas d'amende contre le notaire, si l'on ne comptait pas plus de 25 lignes par page, l'une portant l'autre. (*Art.* 20 *de la loi du* 13 *brumaire an* 7, *et décret du* 16 *février* 1807.)

Les notaires doivent tenir à ce que les expéditions soient propres et très-lisibles.

L'arrêt du Parlement de Paris, du 4 septembre 1685, prescrivait avec raison d'écrire les noms propres et les sommes d'un plus gros caractère que le reste de l'acte (1); ce même arrêt ordonnait que les ratures fussent faites par une barre ou trait de plume simple, passant sur les mots, afin de pouvoir compter et distinguer facilement la quantité de mots rayés.

Les expéditions sont signées par les notaires seuls, et non par les parties (*c'est-à-dire* les personnes qui ont contracté).

Celles des actes passés devant un notaire et deux témoins, sont signées par le notaire seul.

On rapporte, à la fin des expéditions, la mention de l'enregistrement qui est ensuite ou en marge de la minute; dans les extraits on énonce également la date et le lieu de l'enregistrement avec le nom du receveur.

Il est d'un usage général de collationner les expéditions, c'est-à-dire de les confronter avec les minutes, pour s'assurer s'il n'y a point de fautes ou pour corriger celles qui existent. Le clerc chargé de la collation, dont on ne saurait trop recommander l'exactitude, suit des yeux sur l'expédition, la lecture qu'un autre clerc lui fait de la mi-

---

(1) Observez toutefois que cela ne doit s'entendre que des noms des personnes qui contractent, des sommes qui sont l'objet de l'acte ou du contrat, et de leur date seulement.

nute, et y fait à mesure les corrections nécessaires.

Après la collation, on approuve les mots rayés par cette mention qu'on met à la fin de l'expédition : *rayé mots comme nuls* ; puis, l'on tire des barres dans les blancs à la fin de chaque alinéa (1). (*Voyez les art. 13 et 16 de la loi sur l'organisation du notariat.*)

Quand un acte est reçu par deux notaires, on appelle *notaire en premier* celui qui conserve la minute qu'il signe à droite, et *notaire en second* celui qui ne fait que l'assister ; celui-ci signe à gauche.

Les expéditions étant collationnées et signées du notaire en premier, on y applique son cachet à la marge de la dernière page écrite, et on les envoie signer par le notaire en second.

Tout ce que nous venons de dire à l'égard des expéditions, est applicable aux grosses dont nous parlerons bientôt.

On n'a coutume de rapporter les noms du second notaire que dans les grosses, dans les testaments et dans les actes où les deux notaires instrumentent concurremment à la réquisition des parties.

---

(1) Ceci se pratique généralement à Paris, pour se conformer à l'art. 13 de la loi du 25 ventose an XI.

Les mots *expédition* et *copie* ne sont pas entièrement synonymes : on entend par *expédition*, la copie que délivrent les notaires d'un acte reçu par eux ; et par copie, celle qu'ils délivrent d'un acte qu'ils n'ont point reçu, mais qu'on leur a déposé pour minute.

On ne doit pas écrire sur le timbre (à peine de 25 fr. d'amende), ni faire d'autres abréviations que celles qui ont une signification certaine dans l'usage.

Voici les abréviations qu'on tolère dans les expéditions en grosses :

M.	pour	Monsieur.
Mme (1)	pour	Madame.
Mlle	pour	Mademoiselle.
M.^{e}	pour	Maître (titre qu'on donne aux magistrats, notaires, avoués, etc. *M.^{e} untel.*)
M.^{tre}	pour	Maître (en parlant des ouvriers qui paient patente ou tiennent boutique : *maître maçon*, *maître cordonnier.*)
S.^{t}, S.^{te}	pour	Saint, Sainte.
led. lad. susd.	pour	ledit, ladite, susdit.
m.^{d}, m.^{de}	pour	marchand, marchande.

On fait encore dans les minutes quelques

(1) Gardez-vous bien d'écrire *m.de* pour *madame*, car *m.de* ne signifie autre chose que *marchande* : c'est une faute assez commune, mais que réprouve le bon sens.

autres abréviations, comme *s.*[r] pour *sieur*, *d.*[e] pour *dame*, *no.*[re] pour *notaire*, *so.*[e] pour *somme*, *t. d. c.*, *t. d. b.* pour *tenant d'un côté*, *tenant d'un bout*; *dem.*[t] *dem.*[te] pour *demeurant*, *demeurante*, *app.*[t] *app.*[te] pour *appartenant*, *appartenante*, etc. (1) L'usage les apprendra.

§. 2. STYLE DES EXPÉDITIONS.

On entend par *style* ce que l'on met en tête et à la fin des expéditions, grosses, copies ou extraits, pour leur donner la forme prescrite par les lois ou consacrée par l'usage.

A la fin des expéditions dont le notaire a reçu la minute, après ces mots *a* ou *ont signé avec les notaires*, on ajoute: *la minute des présentes demeurée à M*e.... *l'un des notaires soussignés*, (ou seulement *à M*e.... *notaire*

---

(1) *Appartenant*, *demeurant*, *résultant*, *séant*, *etc.* ne sont indéclinables que lorsqu'on les emploie comme *participes*, car ils prennent le genre et le nombre des substantifs auxquels ils se rapportent, lorsqu'on les emploie comme *adjectifs*:

Je crois qu'il lui est permis d'en disposer comme de chose à lui appartenante. FELIX, de Sedaine, édition de Didot.

Les biens appartenants *à un tel.*
Une maison à lui appartenante. } ACADÉMIE.

Une ville appartenante *aux Hollandais.* VOLT.

Où elle est demeurante. ACAD.

soussigné, si l'acte a été reçu par le notaire seul en présence de témoins), *en marge*, ou *au bas*, ou *ensuite de laquelle est écrit*: *Enregistré à ..... le ...... mil huit cent ....., folio ......, recto* (ou *verso*), *cases ......, reçu ...... Signé* (le nom du Receveur.)

Si, dans l'intervalle de la passation de l'acte à la délivrance de l'expédition, il y avait eu changement de timbre, on ajouterait:

Ces présentes délivrées aujourd'hui ...... mil huit cent ....

Lorsque dans le cours de la minute qu'on transcrit, on rencontre ces mots *ci-joint*, *ci-annexé*, on met dans l'expédition *joint* ou *annexé à la minute des présentes*. S'il y avait, *annexé à l'acte dont la minute est des autres parts*, on mettrait *annexé à l'acte dont la minute précède celle des présentes.*

Aux termes de l'art. 1335 du code civil, les grosses ou *premières expéditions* font la même foi que l'original; c'est pour cela que beaucoup de notaires mettent à la fin de leurs expéditions: *Pour première expédition délivrée à M. un tel.*

§. 3. STYLE DES GROSSES.

On nomme *grosse* l'expédition que le notaire délivre en forme exécutoire d'une minute d'acte ou contrat dont il est dépositaire.

La forme exécutoire consiste en ce que la

grosse est intitulée et terminée comme les jugements des Tribunaux (1), seule différence qui existe entre les expéditions proprement dites et les grosses ; ce qui leur a fait donner le nom de *grosses*, c'est qu'il est d'usage de les écrire d'un caractère plus gros que les expéditions.

Dès qu'une grosse est faite, on doit avoir soin d'écrire en tête de la minute : *fait grosse* ; on en connaîtra plus tard les motifs. (2)

Les grosses s'intitulent ainsi qu'il suit :

LOUIS, *par la grace de Dieu, Roi de France et de Navarre, à tous ceux qui verront ces présentes, salut : fesons savoir que par-devant M^e.... etc.*

Et on les termine de cette manière, après avoir rapporté la mention de l'enregistrement, comme aux expéditions :

Mandons et ordonnons à tous huissiers sur ce requis de mettre ces présentes à exécution, à tous commandants et officiers de

---

(1) Voyez l'article 25 de la loi du 25 ventose an XI.

(2) Voyez l'art. 26 de la loi sur l'organisation du notariat.

Autrefois les notaires ne pouvaient délivrer aucune grosse ni expédition, sans en faire mention à l'instant sur la minute, à peine de 100 # d'amende, et de répondre des dommages et intérêts.

la

la force publique d'y prêter main-forte lorsqu'ils en seront légalement requis, et à nos procureurs près les Tribunaux d'y tenir la main: en foi de quoi nous avons fait sceller ces présentes. (1)

Quand il y a un second acte à transcrire ensuite d'une grosse, et qu'il faut lui donner la même forme, on le commence simplement par ces mots:

Plus, fesons savoir que....

Et on le termine par la formule ci-dessus, *Mandons*, etc.

A la fin d'une seconde grosse, on met:

Ces présentes délivrées à M... pour lui servir de seconde grosse, en conformité de l'ordonnance de M.... président du Tribunal civil de première instance de l'arrondissement de ...., étant ensuite de la requête à lui présentée à cet effet, et dont l'original, dûment enregistré, est demeuré annexé à la minute des présentes.

Suivant une ordonnance du Roi, du 30 août 1815, il est défendu, à peine de nullité, de mettre à exécution dans l'étendue du royaume, aucun acte qui ne serait pas revêtu de la formule royale. (*Art.* 1.er)

Les porteurs de grosses doivent, d'après

---

(1) Voyez un arrêté du Gouvernement, du 15 prairial an XI, rapporté au chap. IV ci-après.

l'art. 2), s'en procurer de nouvelles; ils ont cependant la liberté de se servir de celles qu'ils possèdent, en les présentant à un notaire, afin d'en faire rectifier la formule. — Le notaire doit bâtonner la formule existante, au commencement de l'acte et à la fin, et y substituer la formule royale. La rectification doit être datée et signée, et faite sans frais.

Les grosses nouvelles seront aux frais de ceux qui les demanderont; elles seront considérées comme premières grosses; l'obtention n'en sera soumise à aucune autorisation. Le notaire qui la donnera, en fera seulement mention dans le style.

STYLES (1) que paraît nécessiter l'exécution de l'ordonnance du 30 août 1815.

1. *Style de réformation d'une ancienne formule de grosse, avec substitution de la formule royale; à mettre en marge ou ensuite de cette grosse.*

» Le bâtonnement de la formule existante » au commencement et à la fin de la grosse » ci-contre (*ou* qui précède), et la substi- » tution de la formule royale ont été faits en » interligne (*ou* en marge), en exécution

(1) Adoptés par la Chambre des notaires de Paris.

» de l'ordonnance du Roi, du 30 août 1815, » par moi ...... notaire royal à ....., soussigné, » aujourd'hui ...... 1819. »

2°. *Style de délivrance d'une nouvelle grosse, à mettre ensuite de la formule royale qui se trouve à la fin.*

« La présente grosse a été délivrée avec la » formule royale, par Me. *tel*, l'un des no- » taires royaux à ....., soussignés, aujour- » d'hui ......, en exécution de l'ordonnance » du Roi du 30 août 1815, sur la représen- » tation de l'ancienne qui était revêtue de la » formule supprimée par cette ordonnance. »

Ajouter, si l'on veut : « Laquelle ancienne » grosse ne peut servir que d'expédition à la » partie, puisque la formule dont elle était » revêtue, a été bâtonnée, et que mention » en a été faite dessus, comme de la déli- » vrance de la présente, par Me. *tel*, l'un » des notaires soussignés. » ....

3°. *Style de la mention qui doit être faite sur une ancienne grosse, lorsqu'il en sera délivré une nouvelle.*

« Je, soussigné, notaire royal à ...., cer- » tifie, en exécution de l'ordonnance du Roi » du 30 août 1815, avoir délivré une nou- » velle grosse, avec la formule royale, du » titre ci-contre : pourquoi la formule em-

» ployée ici a été par moi bâtonnée, afin que
» cette pièce ne serve plus que d'expédition
» dans la main du porteur de ladite nouvelle
» grosse. A .... le .... 1819. »

4°. *Style de délivrance de l'expédition d'un acte revêtu d'une formule ancienne.*

Après *il est ainsi*, etc. mettre :

« La présente expédition a été délivrée par
» M.e .... et son collègue, notaires à .... ,
» soussignés, aujourd'hui ....., suppression
» faite, en conformité de l'ordonnance du
» Roi, du 30 août 1815, de la formule exé-
» cutoire qui s'y trouvait. »

5°. *Style du bâtonnement en tête de l'expédition.*

« Bâtonnement de *tant* de mots, en tête
» de l'expédition ci-contre a été fait, en exé-
» cution de l'ordonnance du 30 août 1815,
» par moi ...., notaire à ....., soussigné,
» aujourd'hui, etc. »

N. B. On ne doit donner la forme exécutoire qu'aux actes dont il y a minute, et non à ceux qui sont en *brevet*, c'est-à-dire dont l'original est délivré à la partie. Si l'on voulait avoir une grosse d'un acte en brevet, on le rapporterait au notaire qui l'aurait passé, ou à tout autre si le premier n'exerçait plus ses fonctions.

§. 4 STYLE DES COPIES COLLATIONNÉES.

Les *copies collationnées* sont celles que font les notaires des pièces qu'on leur représente et qu'ils rendent aussi-tôt. Ce nom leur a été donné à cause du mot *collationné* qui commence le style par lequel on les termine.

En voici la formule :

Collationné par M.e .... et son collègue, notaires royaux à la résidence de .... soussignés, aujourd'hui .... mil huit cent ...., sur (l'original, la copie ou l'expédition) de l'acte .... ci-dessus, dûment légalisé (si la pièce l'a été), *représenté aux notaires soussignés et par eux à l'instant rendu.*

Avant de mettre cette formule, on doit rapporter les signatures qui se trouvent sur la pièce représentée dont on fait la copie; on les fait précéder de ces mots : *Ainsi signé*, ou tout simplement *Signé ....*

Lorsqu'il y a des mentions au bas ou en marge, on les rapporte textuellement ensuite de la copie, sans laisser d'intervalle, mais en les faisant précéder de ces mots, *en marge* ou *au bas est écrit*, etc.

On peut s'abstenir de rapporter la légalisation (1), seulement on en fait mention dans la formule par ces mots *dûment légalisé.*

---

(1) Voyez, dans la nomenclature ci-après, ce qu'on entend par ce mot.

Les copies collationnées sont sujettes à la formalité de l'enregistrement, et on les porte au répertoire dans la colonne des brevets.

Les notaires peuvent les délivrer sur le papier timbré qu'il leur plaît de choisir, n'importe la dimension, et mettre autant de lignes à la page et de syllabes à la ligne qu'il est possible de le faire. (*Voyez le journal de l'enregistrement, art.* 3591.)

§. 5. STYLES des Expéditions d'actes passés devant un des prédécesseurs du Notaire.

Après avoir rapporté les signatures des parties et des notaires, ainsi que la mention de l'enregistrement, de la même manière que nous l'avons indiqué pour les copies collationnées, on met :

L'an mil huit cent...., le ...., collation des présentes a été faite par M.e .... et son collègue, notaires royaux à la résidence de ...., département de ...., soussignés, sur la minute du contrat .... ci-dessus, qui est en la possession dudit M.e .... comme successeur médiat (ou immédiat) dudit M.e .... ci-devant notaire.

§. 6. STYLE des Expéditions de pièces déposées ou annexées.

Les signatures et les mentions étant rapportées, comme nous l'avons dit plus haut, on termine par cette formule,

S'il s'agit d'une pièce déposée :

Il est ainsi en (l'original, la copie, l'expédition ou l'extrait) de l'acte ci-dessus, dûment légalisé, certifié véritable et déposé pour minute à M.e ... l'un des notaires à la résidence de ... soussignés, par acte du .... enregistré le ....

On ajouterait, si le timbre n'était plus le même que lors du dépôt : *ces présentes délivrées aujourd'hui .... mil huit cent ....*

Et s'il s'agit d'une pièce annexée :

Il est ainsi, etc. *et demeuré annexé à la minute d'un contrat de passé devant M.e .... l'un des notaires à la résidence de ...., soussignés, et son collègue, le .... enregistré le .... ; le tout étant en la possession dudit M.e .... notaire*, (en ajoutant, s'il y a eu changement de timbre) *qui a délivré ces présentes aujourd'hui .... mil huit cent ...*

Si la minute de l'acte de dépôt ou de l'acte auquel la pièce a été annexée, avait été reçue par un des prédécesseurs du notaire, on mettrait dans la dernière formule : *demeuré annexé à la minute d'un contrat passé devant M.e ... et son collègue, notaires à ... le ... mil huit cent ...., enregistré le .... ; le tout étant en la possession de M.e .... l'un des notaires à .... soussignés, comme successeur médiat* (ou *immédiat*) *dudit M.e ...., ci-devant notaire.*

§ 7. STYLE des Expéditions d'actes qui sont précédés d'autres actes ou contrats.

Lorsqu'on délivre l'expédition d'un acte qui est à la suite d'un autre, il est d'usage d'énoncer l'acte qui précède celui qu'on expédie, à peu près dans ces termes :

Ensuite d'un contrat passé devant M.e ... l'un des notaires à ..... soussignés, qui en a la minute, et son collègue, le .... , mil huit cent ....., enregistré le ..... , contenant vente par M. .... à M. .... de tel objet, moyennant la somme de ....

Est la quittance dont la teneur suit, etc.

Ou bien encore :

Ensuite de plusieurs actes passés devant M.e ... l'un des notaires à ...., soussignés, dont le premier est en date du ....

Est la minute de l'acte dont la teneur suit; etc.

Observation.

Il semblerait naturel d'indiquer ici la manière de faire des extraits d'actes ; mais comme cet objet n'est pas aussi facile qu'on pourrait d'abord l'imaginer, qu'il exige quelque perspicacité et des connaissances qu'on n'a pu acquérir qu'après avoir travaillé un certain espace de temps, nous allons présenter auparavant la nomenclature alphabétique et la définition d'un grand nombre de *termes* usités dans la pratique : le chapitre suivant sera donc en quelque sorte le vocabulaire des commençants. Nous engageons fortement les expéditionnaires à ne pas écrire un seul mot dont la signification leur serait inconnue, sans l'avoir cherché ici ou dans leur dictionnaire.

CHAPITRE 2.

NOMENCLATURE

Et définition de plusieurs termes et expressions usités dans la pratique.

Abandonnement, Cession. — L'*abandonnement* est un acte par lequel on cède, on transporte à un autre la propriété qu'on a d'une chose, ou simplement le droit qu'on peut y avoir.

On dira donc qu'un débiteur a fait un *abandonnement* de ses biens à ses créanciers.

On peut dire aussi d'un *abandonnement* qu'il est volontaire ou forcé, juste, entier, sans réserve, etc.

La *cession* de biens est l'*abandon* qu'un débiteur fait de tous ses biens à ses créanciers, lorsqu'il est hors d'état de payer ses dettes. (*Art.* 1265 *du code civil.*)

Le législateur a eu tort d'employer le mot

abandon, qui n'est pas exactement synonyme d'*abandonnement*; car un *abandon de biens* (*dit* M. Morel, correspondant de l'institut) est l'effet de l'insouciance, de la négligence ou de l'impuissance du propriétaire; il ne dépouille pas légalement le maître de la propriété de ses biens, pour la transférer à ceux qui les usurpent.

On voit que la différence qui existe entre ces deux mots *abandon*, *abandonnement*, est marquante, et qu'il faut se garder de les confondre et de les employer l'un pour l'autre.

Abréviation. — A ce que nous avons déjà dit, *page* 9, nous ajouterons ce qui suit :

On termine ordinairement les actes notariés par ces mots : *Pour l'exécution des présentes, les parties ont élu domicile en leurs demeures*, ou *à tel endroit*, auxquels lieux, etc.; nonobstant, etc.; promettant, etc.; *obligeant*, etc. *renonçant*, etc.

C'est-à-dire : *auxquels lieux*, toutes significations, demandes et poursuites relatives au présent acte, pourront être faites, ainsi que devant les juges des domiciles élus, nonobstant changement de demeure; (*voyez l'art.* 111 *du code civil.*)

Promettant (les parties) d'exécuter le contenu audit acte;

Obligeant à cet effet tous leurs biens;

Renonçant à toutes choses contraires à ces

présentes. — Avant la loi du 25 ventose an XI, tout cela se mettait dans les grosses.

On trouve quelquefois dans les donations et contrats de vente, ces mots *dessaisissant*, *transportant*, *voulant*, *constituant pour procureur*, *donnant pouvoir*, etc.; ils signifient que le donateur ou le vendeur se *dessaisit* en faveur du donataire ou de l'acquéreur, de la propriété des biens donnés ou vendus; lui *transportant* tous les droits qu'il a ou peut avoir sur ces biens; *voulant* qu'il en soit saisi et mis en possession par qui et ainsi qu'il appartiendra; *constituant* à cet effet pour son procureur le porteur des présentes; lui *donnant* tous pouvoirs nécessaires.

Acceptilation. — Remise d'une dette sans paiement.

Achalandage. — Art, action d'achalander. (*Dict. de Boiste*, 5.e *éd.*) Dans la pratique, on définit ce mot « l'avantage qui résulte au » profit de l'acquéreur d'un fonds de com- » merce, de continer les affaires dans le local » occupé par son prédécesseur, et le bénéfice » qu'il trouve à travailler avec les pratiques » attachées à la maison. » (*M. Fleury.*)

Acte. — Dénomination commune à toutes les conventions qu'on rédige par écrit. La signification de ce mot n'est bien déterminée que par ceux dont il est ordinairement suivi.

Par exemple, on dit qu'une veuve a fait *acte de commune*, lorsqu'elle a reçu des sommes dues à la communauté d'entre elle et son mari, ou en a payé quelques dettes;

Que celui à qui une succession est déférée, fait *acte d'héritier*, s'il en perçoit les revenus ou en acquitte les charges.

On appelle *acte de notoriété*, l'acte passé devant notaires, par lequel des témoins suppléent à des preuves par écrit, en affirmant telle ou telle chose.

Acte imparfait, celui qui n'est pas signé de toutes les parties.

Acte judiciaire, celui où intervient le ministère des juges, des avoués.

Acte extrajudiciaire, celui qui n'est que le fait des huissiers.

Acte notarié, celui qui est reçu par deux notaires, ou par un seul sous l'assistance de deux témoins.

Acte privé ou *sous-seing-privé*, celui qui est signé des parties seulement, sans l'intervention d'aucun officier public.

Acte public ou *authentique*, celui qui est reçu par officiers publics ayant le droit d'instrumenter dans le lieu où l'acte est rédigé, et avec les solennités requises. (*Art.* 1317 *du code civil.*) Tels sont les actes notariés.

Acte récognitif ou *confirmatif*, celui qui contient

contient reconnaissance ou confirmation d'un titre primordial.

Acte respectueux, celui par lequel un enfant demande à son père et à sa mère leur consentement au mariage qu'il désire contracter.

Acte synallagmatique ou *bilatéral*, celui par lequel les contractants s'obligent réciproquement les uns envers les autres. (*Art.* 1102 *du code civil.*)

Actif de communauté. — On comprend sous cette dénomination les biens qui dépendent d'une communauté entre deux époux : *actif* répond au mot *avoir*, usité dans le commerce ; l'opposé est *passif*.

Action. — Demande, poursuite en justice, droit de la faire.

Ce mot se dit aussi de la somme qu'on a mise dans une société de commerce.

Action pétitoire. — Action réelle par laquelle celui qui est propriétaire d'un fonds agit contre celui qui le possède, pour en avoir la possession.

Action possessoire. — Celle qui est donnée au possesseur d'un fonds, contre celui qui prétend le troubler dans sa possession.

Adjudication. — Acte judiciaire ou volontaire par lequel on adjuge la propriété ou la location d'un bien quelconque à celui qui en est le plus offrant et dernier enchérisseur, et qui devient l'*adjudicataire.*

AFFECTATION. — Action d'affecter et hypothéquer des biens, c.-à-d. de les destiner ou appliquer au paiement d'une dette.

AGENDA. — Petit cahier sur lequel on inscrit journellement toutes les notes relatives aux affaires courantes d'une étude.

AMENDER. — Profiter, tirer quelque avantage de quelque chose; *les héritiers d'un tel n'ont rien amendé de sa succession, il y avait trop de dettes.* (Dict. de Trévoux.)

AMPLIATION. — Grosse d'un acte expédiée sur une autre grosse déposée à un notaire.

Souvent, on annexe à la minute d'un partage la grosse d'un titre de créance qui dépend de la succession, afin qu'il en soit délivré une *ampliation* à chacun des copartageants, avec mention de l'annexe et de la portion à lui attribuée dans cette créance. (*M. Fleury.*) *Voyez l'art.* 844 *du code de procédure.*

ANNEXE. — Ce mot s'entend des pièces que l'on joint à la minute d'un acte. (*Voyez ci-après au mot certifié véritable.*)

ANTICHRÈSE. — Convention par laquelle un débiteur remet un immeuble à son créancier, en nantissement de ce qu'il doit.

Apport. — Se dit des biens que les époux se constituent par leur contrat de mariage.

Arrérages. — Revenus arriérés d'une rente.

Ascendants. — Parents dont on descend en ligne direct ; le père, la mère, l'aïeul, le bisaïeul d'une personne sont ses ascendants.

Assignation. — Exploit, citation devant un tribunal.

Atermoiement. — Acte par lequel un débiteur obtient de ses créanciers un délai pour se libérer.

Autorisation. — Acte par lequel le mari ou le juge, dans certains cas, autorise la femme mariée et lui donne pouvoir de contracter ou ester en jugement (1).

Avoués. — Officiers publics dont les fonctions consistent à représenter en justice les particuliers qui les chargent de leurs affaires litigieuses.

Ayant-cause, Ayant-droit. — Ce sont ceux auxquels les droits d'une personne ont été transmis par legs, donation, vente, échange, etc.

Bail. — Contrat par lequel l'une des parties s'oblige à faire jouir l'autre d'une chose

(1) Ester en jugement, c.-à-d. plaider en son nom.

pendant un certain temps, et moyennant un certain prix que celle-ci s'oblige de lui payer.

On appelle *bail à loyer* le louage des maisons et celui des meubles; *bail à ferme*, celui des héritages ruraux; *loyer*, le louage du travail ou du service; *bail à cheptel*, celui des animaux dont le profit se partage entre le propriétaire et celui à qui il les confie.

Le *bailleur* est celui qui donne à bail; le *preneur*, *locataire* ou *fermier*, celui qui prend ou tient à bail.

Bénéfice d'inventaire. — Privilège qui empêche la confusion des droits actifs et passifs d'une succession avec les biens particuliers de l'héritier, en fesant par lui inventaire des biens du défunt dans le temps préfini par la loi : au moyen de quoi, il n'est tenu des dettes du défunt que jusqu'à concurrence du contenu en l'inventaire.

Biens nationaux. — Biens du clergé et des émigrés qui, par suite de différentes lois rendues en France, depuis la révolution, ont été vendus par la nation. Ceux des églises, couvents, etc. sont dits de *première origine*; ceux qui ont été confisqués sur les émigrés, sont dits de *seconde origine*.

Biens paraphernaux. — Ceux que la femme mariée sous le régime dotal ne s'est pas constitués en dot.

BILLET. — Reconnaissance d'une dette avec promesse de la payer.

On distingue deux espèces de billets, 1° le *billet simple*, qui renferme une obligation non négociable, conçue à peu près dans ces termes : » Je soussigné .... reconnais devoir » à M. ...., la somme de .... qu'il m'a prêtée, » laquelle somme je m'oblige de lui rendre » et payer dans tel temps, avec l'intérêt à » cinq pour cent par an (*ou* sans intérêt). » Fait à .... le .... » Ce billet doit être écrit en entier de la main de celui qui le souscrit, ou du moins il faut qu'outre sa signature il ait écrit de sa main *bon pour la somme de ....*, en toutes lettres et non en chiffres, excepté dans le cas où l'acte émane de marchands, artisans, laboureurs, vignerons, gens de journée et de service.

2° Le *billet à ordre*, par lequel celui qui le souscrit promet d'en payer le montant au prêteur ou à son *ordre*, c'est-à-dire à celui qui en sera cessionnaire par un endossement régulier.

Modèle de billet à ordre.

» Au .... mil huit cent ...., je payerai à » l'ordre de M. ...., la somme de .... valeur » fournie ou reçue en espèces (*ou* en mar- » chandises). A Lyon, le ... mil huit cent ... »

L'endossement se fait ainsi :

» Passé à l'ordre de M .... valeur en compte

» (en espèces *ou* marchandises.) A Paris, » le..... »

Quand les souscrivants ne savent pas signer, on passe les billets à ordre devant notaires. Il en sera question dans la suite.

BORDEREAU. — Etat, mémoire de plusieurs articles formant une somme. Un *bordereau d'inscription* est celui que dresse un créancier pour faire inscrire sa créance au bureau des hypothèques.

BREVET. — Acte dont il ne reste pas de minute chez les notaires, c'est-à-dire qu'ils délivrent en original. — On nomme *brevet d'apprentissage*, l'acte qui contient l'engagement mutuel entre un maître et un apprenti, d'enseigner et d'apprendre un art ou métier pendant un temps déterminé et à de certaines conditions.

BULLETIN DES LOIS. — Collection des lois rendues en France depuis le 22 prairial an 2.

CAHIER DES CHARGES. — Procès-verbal ou cahier contenant la réunion de toutes les charges et conditions moyennant lesquelles une adjudication doit avoir lieu. (*V. l'art. 958 du code de procédure.*)

CAISSE D'AMORTISSEMENT. — Administration créée en vertu de la loi du 6 frimaire an 8, chargée des cautionnements et consignations.

CAUTIONNEMENT. — Acte par lequel un particulier s'oblige pour un autre, se rend sa *caution*.

Certificat de propriété. — Acte par lequel un notaire atteste le droit de propriété ou de jouissance que telles ou telles personnes ont dans une inscription sur l'état.

Certifié véritable. — Mention que les notaires mettent sur les pièces annexées à la minute ou au brevet d'un acte passé devant eux. En voici la formule : *Certifié véritable et signé par un tel, en présence des notaires à ...., soussignés, et annexé à la minute d'un acte de dépôt* (ou de tel autre acte) *passé devant eux aujourd'hui .... mil huit cent ....*

Si la partie ne savait pas signer, on mettrait : *Certifié*, etc. *Signé seulement des notaires* (ledit sieur .... *ayant déclaré ne le savoir*), *et annexé*, etc.

Cession. — Voyez au mot *abandonnement*. Le *cédant* est celui qui fait une cession ; le *cessionnaire* celui au profit de qui elle est faite.

Citation. — Ajournement, assignation devant un juge.

Clause. — Disposition particulière d'un traité, d'une loi, d'un contrat et de tout autre public ou particulier.

La *clause comminatoire* est celle qu'on insérait dans un acte pour le cas d'inexécution d'une disposition, mais qui n'était considérée que comme une menace. Quelquefois on ajoutait : *la présente clause ne sera point réputée comminatoire, mais sera exécutée à la rigueur.*

La clause de constitut se dit d'une clause par laquelle le possesseur d'un bien reconnaît qu'il n'y a aucun droit de propriété que la jouissance ne lui a été laissée qu'à ce titre de constitut et *de précaire*, c'est-à-dire par souffrance et par emprunt.

La *clause dérogatoire* est une stipulation par laquelle on déroge à un droit déjà acquis, en vertu d'une disposition de la loi ou d'une convention antérieure.

La *clause résolutoire* se dit de celle par laquelle on convient qu'un acte demeurera nul et résolu, dans tel ou tel cas.

Code. — Réunion des lois écrites. Nous avons cinq codes : le code civil, le code de procédure, le code de commerce, le code d'instruction criminelle et le code pénal.

Collatéraux. — Parents qui ne sont pas de la ligne directe ; les frères, sœurs, oncles, tantes et cousins sont des collatéraux.

Collègue, Confrère. — Les *confrères* sont membres d'un même corps, religieux ou politique. Les *collègues* travaillent conjointement à une même opération, soit volontairement, soit par quelque ordre supérieur. (*Beauzée.*)

D'après cette distinction, il nous semble que dans les actes où deux notaires opèrent ou sont censés opérer ensemble, on doit se servir du terme de *collègue;* qu'au contraire, dans leurs correspondances et autres relations, où ils ne sont pas appelés à instrumenter conjointement, les notaires doivent se traiter de *confrère* : c'est par ces motifs que, dans les formules que nous donnerons dans cet ouvrage, nous n'emploierons que le mot de *collègue.*

Communauté de biens. — Espèce de société de biens établie par la loi ou par le contrat de mariage entre les époux.

Compensation. — Libération réciproque entre deux particuliers devenus, en même-temps, créanciers et débiteurs l'un de l'autre.

Compromis. — Acte par lequel deux personnes promettent de se rapporter de leurs différends au jugement d'un ou de plusieurs arbitres.

Conservateurs des hypothèques. — Préposés de l'administration des domaines, établis dans chaque arrondissement communal pour remplir les formalités hypothécaires.

Conseil de famille. — Réunion de parents

paternels et maternels d'un mineur, devant le juge de paix de son domicile.

Constitution de rente. — Contrat par lequel une personne crée au profit d'une autre une rente annuelle, viagère ou perpétuelle, moyennant un prix quelconque.

Contrat. — Convention par laquelle une ou plusieurs personnes s'obligent envers une ou plusieurs autres, à donner, à faire ou à ne pas faire quelque chose. (*V. l'art.* 1101 *et suiv. du code civil.*)

On nomme vulgairement *contrat* la feuille de papier ou de parchemin sur laquelle le contrat est écrit : ainsi, un particulier dit de la grosse ou de l'expédition qui lui est délivrée, que c'est son contrat. (*M. Massé.*)

Contrat de mariage. — Acte contenant les clauses et conditions civiles qui doivent régir, quant aux biens, l'union que deux personnes consentent à former légalement ensemble.

Cotes d'inventaire. — Liasses qui renferment les titres et papiers d'une succession.

Décharge. — Reconnaissance de remises de pièces, de sommes déposées ou d'autres objets.

Déclaration d'emploi. — Déclaration que fait une personne, dans une quittance qui lui est donnée, que les deniers qui ont servi à sa libération, proviennent d'un prêt qui lui avait été fait.

DÉCOMPTE. — Quittance définitive délivrée aux acquéreurs de biens nationaux.

DÉLÉGATION. — Acte par lequel on donne à une personne une somme à recevoir d'une autre.

DÉLIVRANCE DE LEGS. — Acte par lequel des héritiers consentent l'exécution d'un testament.

DÉPÔT POUR MINUTE. — Acte par lequel on dépose des pièces à un notaire, pour être mises au rang de ses minutes.

DISCUSSION. — Droit accordé à la caution qui ne s'est pas obligée solidairement, d'exiger que le créancier dirige d'abord son action contre le principal obligé.

DIVISION. — Lorsque plusieurs personnes se sont rendues cautions d'un même débiteur pour une même dette, sans renoncer au bénéfice de division, chacune d'elles peut exiger que le créancier *divise* préalablement son action, et la réduise à la portion de chaque caution (1).

---

(1) Avant le code civil, on avait coutume de rédiger ainsi la clause de solidarité : *les sieurs tels et tels s'obligent solidairement l'un pour l'autre, un*

Dommages et intérêts. — C'est le désintéressement ou le dédommagement accordé à ceux qui ont souffert quelque dommage ou perte. Par *dommages*, on entend la perte qu'on a éprouvée, et par *intérêts*, le gain qu'on a manqué de faire.

Donation. — Acte par lequel un individu exerce sa libéralité envers un autre : celui qui donne s'appelle *donateur*; celui qui reçoit, *donataire*.

Droit. — S'entend, en général, de tout ce qui est conforme aux lois, aux coutumes qui servent aux peuples à régler leurs intérêts et leurs différends.

La jurisprudence est la science du droit. M. Delvincourt définit le *droit*, l'art de la justice et de l'équité, ou le recueil des principes servant à distinguer le juste de l'injuste, etc.

Droits, noms, raisons et actions. — Sous ces noms sont compris tous les droits et toutes les prétentions d'une personne.

Droit, signifie ici ce qui appartient de droit à quelqu'un, en vertu d'un titre légitime.

Nom, signifie titre, qualité, en vertu des-

---

d'eux seul pour le tout, sous les renonciations ordinaires aux bénéfices de droit, (c'est-à-dire aux bénéfices de *division* et de *discussion*.)

quels

quels on agit ou l'on prétend quelque chose.

Raison, signifie toute prétention légitime.

Action, se dit d'une demande que l'on intente, ou du droit que l'on a de former une demande en justice. (*de Ferrière.*)

Droits de mutation. — Ce sont les droits qu'on paie à la régie de l'enregistrement pour les successions, dons ou legs qui viennent à échoir soit à des héritiers, soit à des étrangers, et dont la transmission a lieu par décès.

Droits successifs. — Ce sont les biens et droits qu'on recueille à titre de succession.

Echange. — Contrat par lequel les parties se donnent respectivement une chose pour une autre. On appelle *échangiste* celui qui fait un échange.

Echelle de dépréciation. — C'est le tableau de la dépréciation du papier-monnaie, en France, depuis le 1er janvier 1791 jusqu'au 19 juillet 1796.

Emphytéose. — Bail à longues années.

Enregistrement. — Formalité établie pour assurer l'existence et la date des actes.

(Nous donnerons, dans la suite de cet ouvrage, un extrait des différentes lois sur l'enregistrement, en ce qui concerne les notaires.)

Etat civil. — Condition d'une personne relativement à sa qualité de Français ou d'étranger, de célibataire ou marié, etc.

Fruits civils. — Loyers de maisons, revenus d'une terre, intérêts de sommes exigibles, arrérages de rentes.

Généalogie. — Dénombrement des ancêtres de quelqu'un ou des autres parents. Dans les tableaux généalogiques, on désigne le défunt dont il s'agit de partager la succession, sous les deux mots latins *de cujus*, c'est-à-dire, *de cujus successione agitur* (de la succession duquel il s'agit.)

Greffe. — Dépôt public où l'on conserve les minutes, registres et autres actes d'un tribunal, et où l'on délivre des expéditions de ces actes. Le *greffier* est celui qui tient le greffe.

Honoraires. — Rétributions dues aux notaires pour leurs peines et soins.

Huissier. — Officier établi pour assister les juges dans leurs fonctions, pour signifier les actes judiciaires et extra-judiciaires, et les faire mettre à exécution.

Hypothèque. — Droit réel sur des immeubles affectés à l'acquittement d'une obligation.

Inscription hypothécaire. — Mention faite dans un registre public, de l'hypothèque qu'a un créancier sur les biens de son débiteur. *L'inscription d'office* est celle que le conservateur des hypothèques est tenu de faire, sans en être requis, pour la conservation du privilége des vendeurs.

INSCRIPTIONS SUR LE GRAND-LIVRE DE LA DETTE PUBLIQUE. — Rentes dues par l'État, enregistrées sur un *grand-livre* dont la formation a été ordonnée par la loi du 24 avril 1793; la dénomination de *tiers consolidé* leur avait été donnée par la loi du 8 nivose an 6; depuis, par la loi du 21 floréal an 10, on leur a donné la dénomination de 5 pour cent consolidés. Si, ayant payé 22,895 fr. 50 c. une partie de rente de 1450 fr, on désirait savoir à quel taux on a placé ses fonds, on multiplierait 1450 par 100, et divisant le produit (145000) par 22895.50, on trouverait $6\frac{1}{3}$ pour cent.

Pour trouver le capital d'une rente sur l'État, en supposant que la rente soit de 100 f et le cours de la bourse 67, on dira : si 5 donnent 67, combien 100?.... 1340 fr.

Ou bien : 100 au denier 20 donnent un capital de 2000 f; le cours étant de 67 f pour 100, on multiplie 2000 par 67, et l'on a pour résultat 1340 f 00 c.

Peut-être n'est-il pas hors de propos de dire ici un mot des *actions de la banque de France.* Elles doivent leur origine à la loi du 24 germinal an XI, qui en créa 45,000. Le fonds primitif de chaque action est de 1000 f. Elles produisent tous les 6 mois un dividende variable, suivant les circonstances plus ou moins heureuses.

En supposant qu'on ait payé une action 1142 f 50 c, et que le dividende semestral ait été fixé à 32 f par action (ce qui ferait 64 f pour l'année), on multiplie 64 par 100, et divisant le produit (6400) par 1142 f 50 c, on trouve que le taux du placement est de 5 f 60 c pour 100 par an.

On a acheté une action 1150 f, on veut savoir à combien devrait être fixé le dividende pour retirer de ses fonds 6 pour cent par an (ou 3 pour cent par semestre); en multipliant 1150 par 3, et divisant le produit (3450) par 100, on voit que le dividende semestral devrait être fixé à 34 f 50 c.

Intérêt. — C'est le profit que l'on tire d'une somme d'argent prêtée, laquelle se nomme *capital* ou *principal* (1).

---

(1) On calcule l'intérêt de deux manières, ou à *tant* pour cent, ou au denier *tant*. Dans le premier cas, on entend que l'on retire du capital autant de fois l'intérêt désigné par le *tant* que le nombre 100 est contenu dans ce capital. Ainsi, 3000 fr. à 5 pour 100, produisent d'intérêt autant de fois 5 que 100 est contenu dans 3000.

LÉGALISATION. — Certificat par lequel le président d'un tribunal de première instance ou un juge, en son absence, atteste que les signatures apposées sur un acte sont véritablement celles des notaires y dénommés.

Il est attribué aux greffiers 25 centimes pour chaque légalisation. (*Loi du 21 ventose an VII*).

LÉGITIME. — Portion réservée par la loi aux enfants légitimes sur les biens de leur père et de leur mère, et dont ceux-ci ne peuvent valablement disposer.

LEGS. — Don laissé par un testateur (*Pro-*

On entend, dans le second cas, que l'on retire du capital, autant de fois 1, que le denier est contenu dans le capital. Ainsi, 3000 fr. prêtés au denier 20, produisent d'intérêt autant de fois 1 fr. que 20 est contenu dans 3000.

Lorsqu'on veut connaître le denier, on divise 100 par le *tant* pour 100, et le quotient marque le denier : par exemple, si l'intérêt est à 5 pour 100, en divisant 100 par 5, le quotient indique que l'intérêt est au denier 20. De même, on divisera 100 par le denier *tant* pour avoir le *tant* pour cent : si le prêt s'est fait au denier 25, on divisera 100 par 25, et le quotient indique que l'intérêt est à 4 pour 100.

Pour avoir l'intérêt d'une somme, pour un an, on multiplie cette somme par le *tant* pour 100, et l'on prend le centième du produit, en tranchant les deux derniers chiffres sur la droite qui deviennent des centimes.

venez le). On appelle *légataire* celui à qui un legs a été fait.

Licitation. — Vente au plus offrant et dernier enchérisseur d'un immeuble qui appartient en commun à plusieurs, et qui ne peut se partager commodément.

Liquidation. — Règlement de droits, d'intérêts, de dépens et de créances quelconques.

Loi. — Règle établie par une autorité à laquelle on est tenu d'obéir.

Loyaux-coûts. — Frais légitimement faits.

Mainlevée. — Acte par lequel on se désiste de l'effet des oppositions ou inscriptions hypothécaires qu'on avait formées contre un débiteur.

Majeur. — Individu de l'un et de l'autre sexe qui a 21 ans accomplis; le *mineur* est celui qui n'a pas cet âge.

Marché. — Engagement de faire une entreprise, des fournitures ou quelque autre chose, moyennant un certain prix.

Masse. — La masse, dans un partage, s'entend de la réunion des objets qui forment l'actif d'une succession ou communauté.

La *masse passive* se compose des dettes et charges.

Mention. — Lorsqu'un particulier rembourse

une rente ou une obligation, et que la quittance n'est pas expédiée ensuite de l'acte qui le constituait débiteur, on fait mention de la quittance en marge du titre, à-peu-près dans ces termes :

« L'obligation ci-contre (*ou* la rente cons-
» tituée par le contrat ci-contre) a été
» remboursée suivant quittance passée devant
» mon collègue et moi, notaire à ...., sous-
» signé, qui en ai la minute, le ...., dûment
» enregistrée, contenant mainlevée de l'ins-
» cription prise le tel jour, au bureau des
» hypothèques de ....., vol. n°. , et
» portant pouvoir de faire la présente men-
» tion. »

Mettre ou constituer en demeure. — Sommer quelqu'un par les voies de droit, de faire une chose à laquelle il s'est obligé.

Notification. — Acte par lequel on fait connaître judiciairement à quelqu'un un acte quelconque.

Nue-propriété. — Propriété d'un bien, séparée de l'usufruit.

Obligation. — Acte par lequel on s'engage à payer une somme ou à faire quelque chose.

Offres réelles. — Exhibition et présentation faites judiciairement à quelqu'un de la somme à lui due.

Pannonceaux. — Ecussons en cuivre doré portant les armes de France, et que les notaires ont à la porte extérieure de leur maison.

Partage. — Acte par lequel deux ou plusieurs personnes divisent des biens qui leur appartenaient en commun.

Portion afférente, disponible, virile. — La *afférente* est celle qui revient à chacun des intéressés dans un objet indivis ;

La *portion disponible* est la portion de biens dont il est permis de disposer à titre gratuit ;

Et la *portion virile* est une portion dans une succession égale à celles des autres héritiers.

Procès-verbaux. — Actes par lesquels les notaires constatent les comparutions, exposés et réquisitions des parties.

Procuration ou mandat. — Acte par lequel une personne donne à une autre le pouvoir de faire quelque chose en son nom. Celui qui donne la procuration s'appelle *mandant*, *commettant* ou *constituant*; celui qui en est chargé, *mandataire* ou *procureur constitué*.

Qualités. — Titres indicatifs des noms et prénoms, de l'état et de la profession d'une personne.

Quittance. — Reconnaissance par écrit

donnée par un créancier du paiement que lui fait son débiteur.

Radiation. — Action de rayer, d'annuler une inscription hypothécaire.

Rapport pour minute. — Acte par lequel on rapporte à un notaire une procuration ou autre acte en *brevet*, pour être mis au rang de ses minutes.

Ratification. — Acte par lequel une personne ratifie ce qu'une autre avait fait en son nom.

Receveurs de l'enregistrement. — Préposés chargés de faire la recette des droits d'enregistrement, de timbre et autres dont la régie leur est confiée par l'administration des domaines.

Renvoi. — Addition que les notaires placent à la marge de leurs actes et qu'ils marquent d'une petite croix.

Répertoires. — Registres sur lesquels les notaires inscrivent les actes faits dans leurs études.

Voyez à la page suivante la forme qui en a été prescrite par un règlement du ministre de la justice du 1er janvier 1811.

Nos. du Répe.	Dates des actes.	Nature des actes. en brevets.	Nature des actes. en minutes.	NOMS, PRÉNOMS, QUALITÉS ET DOMICILES DES PARTIES. — INDICATION, SITUATION ET PRIX DES BIENS.	Relation de l'enregist. Dates	Relation de l'enregist. Droits.
	Janvier 1819.				Janvier 1819.	
1	1.er		Vente.	Par Charles Lebrun, m.d mercier, dem.t à Paris, rue ...., à M. ..., d'une maison située à...., moyennant 10,000 francs.	10	605 f »
2	2	Procuration.		Par M. *un tel*, dem.t à ....,	2	2 . 20

Report. — Le *report* consiste à rappeler en tête de chaque page d'un compte, d'un partage ou autre acte, les sommes qui forment le montant des calculs de la page qui précède. — En tête du recto de chaque feuillet, on écrit ces mots, *ci-contre*, et l'on tire la somme hors ligne.

En tête du verso, l'on met *de l'autre part*, et l'on tire pareillement la somme hors ligne.

Résiliation de bail. — Acte qui dissout et annule un bail.

Rétrocession. — Acte par lequel l'acquéreur revend à son vendeur l'objet qu'il en avait acheté.

Rôle. — Deux pages d'écriture forment ce qu'on appelle un *rôle*.

Signification. — Notification qu'on fait à une personne, par le ministère d'un huissier, d'un transport ou de tout autre acte.

Sommation. — Acte par lequel on interpelle une personne de déclarer ou de faire quelque chose.

Sous-bail. — Location que le principal locataire fait de partie des lieux qu'il tient à bail du propriétaire.

Substitution de pouvoirs. — Acte par lequel un mandataire confère à une autre personne les pouvoirs qui lui avaient été donnés.

Testament. — Déclaration que fait une personne, dans les formes prescrites par la loi, de la volonté qu'il veut qu'on exécute après sa mort.

On appelle *testateur* celui qui fait un testament.

Tirer hors ligne. — C'est porter une somme en chiffres à la marge, après qu'elle a été écrite en toutes lettres dans le corps de l'acte.

Titre nouvel. — Acte par lequel le débiteur d'une rente en passe reconnaissance.

Transcription. — Lorsqu'un acquéreur ou un donataire veut purger les biens à lui vendus ou donnés, il fait faire la *transcription* de son titre sur les registres du conservateur des hypothèques.

Transaction. — Contrat par lequel les parties terminent une contestation née, ou préviennent une contestation à naître.

Transport. — Cession de droits, actions, créances, rentes, etc.

Usufruit. — Droit de jouir des choses dont un autre a la propriété.

On appelle *usufruitier* celui qui a ce droit.

On entend par *réparations usufructuaires*, celles qui sont à la charge de l'usufruitier. (*Art.* 1409 *du code civil.*)

Vacation.

Vacation. — Espace de temps que les notaires emploient à travailler à quelque affaire: ce mot se dit aussi des honoraires qu'on leur paye.

Vente. — Convention par laquelle l'un (*le vendeur*) s'oblige à livrer une chose, et l'autre (*l'acquéreur*) s'oblige à la payer. (*art. 1582 du code civil*).

CHAPITRE 3.

DES EXTRAITS D'ACTES.

Extraire signifie « tirer d'un livre, d'un » registre, d'un acte, les passages, les ren» seignements dont on a besoin. »

Un *extrait* est en général l'exposition d'une ou de quelques parties qu'on a détachées d'un tout, sans y apporter aucun changement.

On peut admettre deux sortes d'extraits: l'extrait *littéral*, qui consiste à rapporter textuellement telles ou telles dispositions d'un acte (1); et l'extrait *analytique*, qui consiste, soit à tirer d'un acte quelques-unes des conventions qu'il renferme, soit à faire

(1) C'est presque toujours de cette manière que se fait l'extrait d'un testament, afin de conserver fidèlement les expressions du testateur.

l'exposition succincte d'un acte qu'on décompose pour le présenter en raccourci, par le simple énoncé de ses différentes dispositions.

C'est le notaire, dépositaire de la minute, qui en délivre les extraits; on peut cependant se faire délivrer un extrait par tout autre notaire, mais dans la forme des copies collationnées dont nous avons parlé page 17.

Avant de commencer l'extrait d'un acte, comme d'un partage, d'une transaction, etc. on doit lire cet acte en entier et avec attention, afin de bien le concevoir et de n'omettre dans l'extrait aucune clause essentielle pour la partie à qui il est destiné. Surtout, il faut bien prendre garde d'altérer le sens de l'acte, et de dire autre chose que ce qui s'y trouve inséré. Les commençants doivent d'abord écrire sur papier non timbré les extraits qui présentent tant soit peu de difficultés, et les faire corriger par le notaire ou l'un de ses anciens clercs, avant de les transcrire sur papier marqué.

Il est à observer que la tête et la fin ou terminaison de l'extrait s'écrivent *en style*, c'est-à-dire à environ 3 centimètres (1 pouce) de la marge, en rentrant vers la droite, pour que le lecteur puisse facilement distinguer la formule de ce qui est tiré de l'acte; mais afin qu'on ne puisse rien interposer, on a soin de faire précéder chaque ligne du style de deux petits traits (=).

FORMULES D'EXTRAITS.

1°. *Extrait d'une procuration annexée à un acte de main-levée.*

Lorsque des procurations sont annexées à un acte, l'expéditionnaire en fait d'extrait à la suite de la grosse ou expédition, sans laisser de blanc ; il énonce particulièrement dans cet extrait, les pouvoirs qui sont spécialement relatifs à l'opération qui a nécessité le dépôt ou l'annexe de la procuration. Ainsi, à la suite de l'expédition d'une main-levée consentie par un mandataire, on met :

Par la procuration ci-devant datée et énoncée,

il appert

» qu'elle contient pouvoir de donner main-levée et de
» consentir la radiation de toutes inscriptions, (*ou* de
» l'inscription ci-dessus relatée).

Extrait par M.e et son collègue, notaires royaux à soussignés, sur le brevet original de cette procuration, annexé, comme on l'a dit ci-dessus, à la minute de l'acte de main-levée, dont expédition précède ; le tout étant en la possession dudit M.e

2°. *Extrait d'un contrat de mariage.*

L'art. 67 du code de commerce oblige les notaires de transmettre, par extrait, aux greffes des Tribunaux et aux Chambres des notaires et des avoués, les contrats de mariage des commerçants ; cet extrait peut se faire littéralement ou analytiquement.

Première manière.

D'un contrat passé devant M.e , qui en a la minute, et son collègue, notaires à , le enregistré à , le par qui a reçu *tant* pour les droits, contenant les conditions civiles du mariage de M. avec M.lle ,

A été extrait littéralement ce qui suit :

« Art. 1.er. Les futurs époux ont déclaré se marier » sous le régime de la communauté établie par le code » civil, sauf les modifications ci-après.

» Art. 2. Ils paieront séparément leurs dettes per» sonnelles, etc.

Extrait par M.e et son collègue, notaires royaux à soussignés, aujourd'hui mil huit cent de la minute dudit contrat de mariage restée en la possession dudit M.e

Autre manière.

Par contrat passé devant M.e &c. *comme ci-dessus.*

Contenant les conditions civiles du mariage de M. avec M.lle

« Il a été stipulé séparation de biens entre eux, et » il a été convenu que la future aurait l'entière ad» ministration de ses biens et la jouissance libre de » ses revenus. »

Extrait par M.e et son collègue, notaires à , soussignés,

aujourd'hui , sur (1) la minute dudit contrat demeurée audit M.e

3°. *Extrait collationné d'une quittance, sur une expédition représentée et rendue.* (2)

Suivant une quittance passée en minute devant M.e notaire à , en présence de témoins, le , enregistré à le , par qui a reçu

Il appert

« Que M. A a reconnu avoir reçu de M.
» B la somme de pour le prix
» d'une maison que le sieur A a vendue à
» M. B , par contrat passé devant M.e &c.

Extrait collationné par M.e et son collègue, notaires à la résidence de , département de soussignés,

aujourd'hui mil huit cent , sur une expédition en forme de cette quittance, représentée auxdits notaires et par eux à l'instant rendue.

4°. *Extrait d'une procuration en minute.*

Suivant une procuration passée devant M.e et son collègue, notaires à , le enregistrée à le , par qui a reçu, &c.

---

(1) On devrait toujours dire *extrait de*, et non *extrait sur*; toutefois pour nous conformer à l'usage, nous ne disons *extrait de* que dans la formule de l'extrait littéral.

(2) Ce que nous avons dit, page 17, quant aux copies collationnées, est applicable à cette sorte d'extrait.

« Madame a donné pouvoir à M.
» de, pour elle et en son nom, vendre, &c. »

Extrait par ledit M.e et son collègue, notaires à soussignés, aujourd'hui sur la minute de cette procuration, restée en la possession dudit M.e

5°. *Extrait d'une procuration dont le brevet est annexé ou déposé.*

Suivant une procuration passée devant M.e et son collègue, notaires à , le enregistrée, &c.

« M a donné pouvoir à M.
» de, pour lui et en son nom, toucher et recevoir, &c

Extrait par M.e et son collègue, notaires royaux résidants à , département de soussignés, aujourd'hui mil huit cent , sur le brevet original de cette procuration, dûment légalisé, certifié véritable et déposé pour minute audit M.e par acte du mil huit cent , enregistré.

Ou bien : Certifié véritable et annexé à la minute d'un acte reçu par ledit M.e le , &c.

Si c'était l'expédition d'une procuration en minute qui fût déposée ou annexée, on dirait :

Extrait par, &c.
sur l'expédition de ladite procuration, dûment légalisée, certifiée véritable, &c.

6°. *Extrait d'une quittance et de plusieurs pièces y jointes.*

Par acte passé devant M.e , qui en a la minute, et son collègue, notaires à , le , enregistré à le par qui a reçu, &c.

« MM. ont reconnu avoir reçu de
» M. la somme de pour, &c.

» Cette somme leur appartenait en qualité de seuls
» héritiers de, &c.

» Ils ont donné main-levée et consenti la radiation
» de l'inscription prise au profit dudit feu sieur &c.

Suivant l'acte de décès inscrit aux registres de l'état civil de la commune de à la date du

« Ledit sieur est décédé à le

Suivant un acte de notoriété passé devant M.e notaire à , en présence de témoins, le enregistré à le

« Ledit sieur a laissé pour seuls héritiers MM. &c. »

Extrait par ledit M.e et son collègue, notaires à la résidence de , soussignés, 1°. sur la minute de ladite quittance; 2°. sur la copie dudit acte de décès, délivrée par M. le dûment légalisée et certifiée véritable; 3°. et sur le brevet original dudit acte de notoriété; ces deux dernières pièces annexées à la minute de ladite quittance : le tout demeuré en la possession dudit M.e

7°. *Extrait de l'intitulé d'un inventaire.*

L'inventaire des meubles et effets, titres, papiers et renseignements dépendants de la succession de M. décédé à le (1)

A été fait par M.e et son collègue, notaires à , le et jours suivants,

A la requête du sieur et de dame son épouse de lui autorisée, demeurants à &c.

« Lesdits *tels & tels* habiles à se dire et porter héritiers, &c.

---

(1) *Ou bien* : de la communauté qui a subsisté entre M. et la dame son épouse, etc.

(On rapporte exactement les qualités de tous les héritiers qui ont droit à la succession, et on termine comme il suit.)

Au bas de cet inventaire est la mention suivante :
« Enregistré à le reçu Signé R

Extrait par ledit M.e et son collègue, aujourd'hui mil huit cent , sur la minute dudit inventaire restée en la possession dudit M.e

S'il y avait une procuration annexée, immédiatement après avoir rapporté la mention de l'enregistrement, on dirait :

Par la procuration ci-devant datée et énoncée, il appert,
« Qu'elle est spéciale à l'effet de procéder audit inventaire. »

Et l'on terminerait de cette manière :

Extrait par ledit M.e et son collègue, aujourd'hui sur la minute dudit inventaire et sur le brevet de procuration y annexé ; le tout étant en la possession dudit M.e

8. *Extrait littéral d'un testament notarié.*

Du testament fait par M. et reçu par M.e notaire à , en présence de quatre témoins, le , et en marge duquel est écrit :
« Enregistré à le , reçu
Signé R

Ont été extraites littéralement les dispositions suivantes :

« Je donne et lègue, &c.

Extrait par ledit M.e aujourd'hui mil huit cent , de la minute dudit testament demeurée en sa possession.

9°. *Extrait d'un testament olographe.* (1)

Du testament olographe de M. en date à du tel jour,

A extrait littéralement ce qui suit :

» Je donne et lègue, &c.

Au bas de ce testament est la mention suivante :

» Enregistré à , &c.

Extrait par M.e et son collègue, notaires royaux à la résidence de , département de , soussignés, aujourd'hui mil huit cent , de l'original dudit testament olographe, déposé audit M.e suivant acte par lui reçu le enregistré, en conformité de l'ordonnance de M. le Président du Tribunal civil de première instance séant à , en date du étant ensuite du procès-verbal de présentation, d'ouverture et de description de ce testament, et dont une expédition délivrée par M. greffier en chef dudit Tribunal, est demeurée jointe à la minute dudit acte de dépôt. (2)

10°. *Extrait d'un partage, en ce qui concerne l'un des héritiers.*

Par acte passé devant M.e et son collègue, notaires à , le mil huit cent ,

---

(1) Ecrit par le testateur.

(2) A Paris, les notaires ne dressent point d'acte de dépôt ; ils attachent seulement à l'original du testament l'expédition du procès-verbal d'ouverture. Alors, dans la formule ci-dessus, on supprime la date du dépôt, et on termine ainsi : *et dont une expédition délivrée par M. greffier du Tribunal, est demeurée annexée à l'original dudit testament.*

enregistré à le par qui a reçu, &c.

Contenant la liquidation et le partage tant de la communauté qui a subsisté entre le sieur A et la dame B sa veuve, que de la succession dudit sieur A ,

Et dans lequel acte ont procédé, 1°. &c.

(Rapporter ici toutes les qualités des parties.)

Il appert

Que la masse des biens de ladite communauté s'est montée à , non compris les objets laissés en commun, ci. . . . . 00 fr. 00 c.

Que sur cette masse il a été prélevé,

savoir :

1°. Au profit de la veuve, etc.

2°. Au profit de, etc.

Ensorte que la masse active s'est trouvée réduite à

Dont moitié pour la veuve et moitié pour ses deux enfants conjointement, chaque moitié de

Au moyen de quoi il revenait, savoir :

1°. A la veuve pour ses reprises, ci. . . . .

Et pour sa moitié dans le restant net de la masse active , ci. . . .

2°. Aux deux enfants, etc.

Que la masse des biens de la succession de M. A s'est élevée à , y compris les montant de ses droits dans la communauté, ci. . . . .

Que les dettes et charges de cette succession se sont montées à. . . .

De manière que la masse nette s'est trouvée réduite à , ci. . .

Dont la moitié pour chacun était de

Que, pour fournir à M. la somme de qui lui revenait, il lui a été abandonné, à titre de partage, ce qu'il a accepté :

1°. Pour la somme de une maison située à .

2°. Pour la somme de une rente de , au principal de, etc. ci. . . . .

Total pareil à ce qui revenait au sieur

Ou bien, si l'on a fait des lots :

Qu'il a été formé deux lots égaux;

Que le premier lot échu à M. qui l'a accepté, se trouve composé 1°. de, etc.

(S'il y avait soute (1) de part ou d'autre, on en ferait mention, et l'on dirait si elle a été payée comptant, ou à quelle époque on s'est obligé de la payer.)

Pour par M. disposer à compter du jour du partage présentement extrait, des objets à lui abandonnés (*ou* compris dans son lot), comme de chose à lui appartenante, en toute propriété, mais n'en jouir, etc.

---

(1) Somme que paye l'un des co-partageants pour rendre les lots égaux en valeur.

On écrit *soute* sans *l*.

Il a été laissé en commun 1°. une maison située à , 2°. une rente de due par, etc.

Les titres de tels et tels biens ont été remis à M. , qui s'est obligé d'en aider M. etc.

Extrait par M.e et son collègue, notaires royaux à soussignés, aujourd'hui sur la minute dudit partage, demeurée audit M.e

Quelquefois, pour éviter la répétition des *que*, qui commencent toutes les phrases de l'extrait ci-dessus, lorsque sur-tout l'acte est long et compliqué, on adopte la formule suivante :

Par acte passé, etc.

Madame d'une part ;
Et MM. d'autre part ;

Ont procédé à la liquidation et au partage, etc.

Pour l'intelligence de cette opération, il a été fait des observations préliminaires.

Ou bien : Ces opérations ont été précédées d'observations préliminaires pour en faciliter l'intelligence, etc.

Nous n'avons pu qu'indiquer la forme des extraits, parce qu'elle est toujours à-peu-près la même ; mais pour ce qui doit être pris dans les actes, où il est rare de trouver une parfaite ressemblance, c'est aux expéditionnaires de s'attacher à en rapporter clairement et fidèlement les dispositions, en consultant d'ailleurs sur les objets difficiles le notaire ou le maître clerc.

CHAPITRE

CHAPITRE 4.

EXTRAIT de la loi du 25 ventose an XI, sur l'organisation du Notariat.

TITRE PREMIER.

Des Notaires et des actes notariés.

(SECTION Ire.)

Des fonctions, ressorts et devoirs des Notaires.

ARTICLE PREMIER.

LES Notaires sont les fonctionnaires publics établis pour recevoir tous les actes et contrats auxquels les parties doivent ou veulent faire donner le caractère d'authenticité attaché aux actes de l'autorité publique, et pour en assurer la date, en conserver le dépôt, en délivrer des grosses et expéditions.

Le mot *notaires*, vient du latin *notarius*, formé de *nota*, note, marque, caractère d'une écriture abrégée. Chez les Romains, ceux qui étaient chargés de recevoir les actes, les faisaient d'abord rédiger par des preneurs de *notes*, que l'on appelait *notarii*.

ART. 2. Ils sont institués à vie.

Leurs fonctions ne peuvent donc cesser que par la mort, leur démission, destitution, ou suspension.

ART. 3. Ils sont tenus de prêter leur ministère lorsqu'ils en sont légalement requis.

Excepté 1°. à des personnes incapables d'en user ou de contracter ; 2°. dans des cas et pour des choses qui ne sont pas de leur compétence ; 3°. pour des actes qui seraient contraires aux bonnes mœurs, qui contiendraient des conventions prohibées par la loi ou qui seraient injurieux à des tiers ; 4°. à des personnes qui leur seraient inconnues et dont l'individualité ne leur serait pas constatée.

(*Voyez l'article 11 ci-après.*)

Ils peuvent aussi se refuser de prêter leur ministère, ou du moins de signer un acte dont les droits d'enregistrement ne leur seraient pas consignés.

Comme il ne leur est pas permis de passer, les dimanches et jours de fêtes, des actes qui participent de la juridiction contentieuse, ils peuvent et doivent même se refuser à faire, ces jours-là, des inventaires, actes respectueux, protêts, procès-verbaux de comparution sur sommations, et autres actes qui donnent lieu à des défauts, si les parties sommées ne comparaissent pas.

ART. 4. Chaque notaire devra résider dans le lieu qui lui sera fixé par le Gouvernement. En cas de contravention, le notaire sera considéré comme démissionnaire ; en conséquence le ministre de la justice, après avoir pris l'avis du tribunal, pourra proposer au Gouvernement son remplacement.

ART. 5. Les notaires exercent leurs fonctions, savoir : ceux des villes où est le tribunal d'appel (1), dans l'étendue du ressort de ce tribunal ;

Ceux des villes où il n'y a qu'un tribunal de première instance, dans l'étendue du ressort de ce tribunal ;

Ceux des autres communes, dans l'étendue du ressort du tribunal de paix.

Art. 6. Il est défendu à tout notaire d'instrumenter hors de son ressort, à peine d'être suspendu de ses fonctions pendant trois mois ; d'être destitué en cas de récidive, et de tous dommages-intérêts.

(Voyez l'art. 68.)

Mais il est permis aux notaires d'instrumenter dans leur ressort, entre toutes sortes de personnes, quoiqu'elles n'y soient pas domiciliées. Un notaire peut bien aussi se transporter momentanément hors du lieu de sa résidence, dans toute l'étendue de son ressort, pour y faire un acte ; il peut y rester aussi longtemps qu'il est nécessaire pour préparer l'acte, le rédiger et le faire signer ; mais il ne pourrait pas y fixer son domicile, ni établir son étude hors du lieu de sa résidence. Un acte fait par un notaire hors de son ressort, et qui serait signé de toutes les parties, vaudrait seulement comme écrit sous seing privé. Il serait nul, s'il devait être fait devant notaire, sous peine de nullité, comme, par exemple, la donation entre-vifs ; il serait pareillement nul, s'il n'était pas signé de toutes les parties, encore qu'il ne dût pas être passé devant notaire, sous peine de nullité.

(1) Maintenant *Cour d'appel* ou *Cour royale*.

Art. 7. Les fonctions de notaires sont incompatibles avec celles de juges, procureurs du roi, leurs substituts, greffiers, avoués, huissiers, préposés à la recette des contributions directes et indirectes, juges, greffiers et huissiers des justices de paix, commissaires de police et commissaires aux ventes.

Section 2.

Des actes, de leur forme, des minutes, grosses, expéditions et répertoires.

Art. 8. Les notaires ne pourront recevoir des actes dans lesquels leurs parents ou alliés, en ligne directe à tous les degrés, et en collatérale jusqu'au degré d'oncle ou de neveu inclusivement, seraient parties, ou qui contiendraient quelque disposition en leur faveur.

Voyez l'article 68 *ci-après.*

Art. 9. Les actes seront reçus par deux notaires, ou par un notaire assisté de deux témoins, citoyens français (1), sachant signer, et domiciliés dans l'arrondissement communal (2) où l'acte sera passé (3).

(1) Mâles, âgés de 21 ans.

(2) C'est-à-dire le ressort d'un tribunal de première instance, l'arrondissement d'une sous-préfecture, et non pas seulement le territoire d'une commune ou d'un canton particulier.

(3) Pour les testaments, *voyez l'art.* 971 *du code civil.*

ART. 10. Deux notaires, parents ou alliés au degré prohibé par l'art. 8, ne pourront concourir au même acte.

Les parents et alliés, soit du notaire, soit des parties contractantes, au degré prohibé par l'art. 8, leurs clercs et leurs serviteurs ne pourront être témoins.

Voyez l'art. 68.

La prohibition s'étend plus loin pour les testaments. (*Art. 975 du code civil.*)

Deux frères peuvent être témoins dans un même acte; la loi n'exclut pas la parenté respective des témoins.

ART. 11. Le nom, l'état et la demeure des parties devront être connus des notaires, ou leur être attestés dans l'acte par deux citoyens connus d'eux, ayant les mêmes qualités que celles requises pour être témoin instrumentaire.

Cette attestation se rédige à la fin de l'acte, dans ces termes ou autres équivalents :

« Fait et passé à le , en présence » de MM. tous deux connus des notaires, » lesquels ont attesté l'individualité du comparant. »

Voyez l'art. 13 ci-après.

ART. 12. Tous les actes doivent énoncer les nom (1) et lieu de résidence du notaire qui le reçoit, à peine de 100 francs d'amende contre le notaire contrevenant.

Ils doivent également énoncer les noms des

témoins instrumentaires, leur demeure, le lieu (2), l'année et le jour où les actes sont passés sous les peines prononcées par l'art. 68 ci-après, et même de faux, si le cas y échoit.

(1) *Nom* est au singulier, on peut donc se dispenser de mettre les prénoms; mais on a coutume de les mettre dans les grosses et dans les procès-verbaux : autrefois même, on énonçait ceux du notaire en second.

Les baux, constitutions, contrats de mariage, donations, procurations, transactions, ventes, etc. s'intitulent ainsi :

Par-devant M.e et son collègue, notaires royaux à la résidence de , département de , soussignés, fut présent, etc.

Ou bien : *Par-devant M.e , notaire royal résidant à , soussigné, et en la présence des témoins ci-après nommés et aussi soussignés, furent présents, etc.*

Les quittances et décharges s'intitulent : *En présence de M.e et de son collègue, etc.*

Les dépôts, certificats et autres petits actes dont il ne résulte point d'engagement réciproque, commencent par ces mots :

Aujourd'hui a (ou ont) comparu devant M.e , et son collègue, etc.

Les inventaires, actes respectueux, actes de comparution, réceptions d'enchères et autres actes qui se font en forme de procès-verbal, commencent par la date :

L'an mil huit cent , le lundi , heure , par-devant, etc.

(2) Non-seulement la commune où l'acte est passé, mais encore la maison où il a été signé des parties. (*Art. 167 de l'ordonnance de Blois, du mois de mai 1579.*)

Tous les actes se terminent comme il suit: *Fait et passé à , en l'étude de M.e (ou en la demeure d'un tel) l'an mil huit cent le*

Et les parties ont signé avec les notaires après lecture faite, à l'exception du sieur qui a déclaré ne le savoir de ce interpellé.

Ou bien: *Fait et passé à , en l'étude de M.e , en présence des sieurs* (prénoms, noms, profession et demeure des témoins) *tous deux témoins requis et appelés. Et ont tels et tels, signé avec les témoins et le notaire, à l'égard de la dame , elle a déclaré ne plus le pouvoir à cause de* (indiquer son infirmité.) *Le tout après lecture faite.*

Lorsqu'il s'agit d'un procès-verbal dont la date est exprimée en tête, on termine par: *Fait et passé à en l'étude les jour, mois et an ci-dessus indiqués, etc.*

Art. 13. Les actes de notaires seront écrits en un seul et même contexte (1), lisiblement, sans abréviation (2), blanc, lacune ni intervalle (3); ils contiendront les noms, prénoms, qualités et demeures des parties, ainsi que des témoins qui seraient appelés dans le cas de l'art. 11; ils énonceront en toutes lettres les sommes, et les dates ; les procurations des contractants seront annexées à la minute (4) qui fera mention que lecture de l'acte a été faite aux parties : le tout à peine de 100 fr. d'amende contre le notaire contrevenant.

(1) De manière que le caractère de l'écriture soit partout à peu-près de la même grosseur, et que les lignes soient également espacées.

(2) *Voyez pages 9 [illegible] de ce Manuel.*

(3) *Voyez page 8 à l'égard des alinéa.*

(4) Dès que le notaire a annexé la procuration à un acte passé en son étude, la jonction des copies qui en serait faite aux minutes des actes subséquents, deviendrait sans objet ; il faut observer toutefois que le notaire, en délivrant les expéditions, doit y joindre expédition ou extrait de la procuration, pour que les actes soient exécutoires. (*Décision du Grand-juge, du 28 mars 1807.*)

Les notaires doivent, sous peine d'encourir l'amende de 100 fr., exiger la représentation des procurations en vertu desquelles les parties *disent* agir, et annexer ces procurations à leurs minutes. (*Journal de l'enregistrement art. 6301.*)

Voyez la nomenclature aux mots *annexe* et *certifié véritable.*

Les notaires annexent les procurations, substitutions, autorisations, etc. lors même que ces actes auraient été reçus par des notaires de leur résidence ; mais alors, ils font seulement sur ces pièces mention de l'annexe, sans les faire certifier véritables, parce qu'ils sont censés connaître les signatures de leurs confrères.

On ne peut annexer une pièce à un acte qu'elle n'ait été préalablement enregistrée. (*Article 42 de la loi du 22 frimaire an 7.*) Les actes de l'état civil sont exceptés de cette mesure.

Lorqu'il n'y a qu'une pièce d'annexée et qu'on en fait la copie à la suite de l'expédition de l'acte, on ne laisse point d'intervalle; s'il y avait plusieurs pièces annexées, il vaudrait mieux faire signer par les notaires l'expédition de l'acte, et transcrire immédiatement les annexes que les notaires signeraient pareillement : sans cela, on pourrait se tromper en prenant la date d'une pièce annexée pour celle de l'acte. (*M. Fleury.*)

— On doit rappeler dans les actes la patente des contractants, toutes les fois que ces actes sont relatifs à leur commerce. (*Loi du premier brumaire an 7, et ordonnance du Roi, du 23 décembre 1814.*)

Art. 14. Les actes seront signés par les parties, les témoins et les notaires, qui doivent en faire mention à la fin de l'acte (1).

Quant aux parties qui ne savent ou ne peuvent signer, le notaire doit faire mention (2), à la fin de l'acte, de leurs déclarations à cet égard (3).

(1) Lorsque les notaires ont fait à haute voix la lecture de l'acte, ils le font parafer et

signer par les parties. La signature ne se met qu'à la fin de l'acte. Les parafes s'apposent au bas de chaque recto seulement et de chaque renvoi.

Les notaires ne parafent que les renvois.

Lorsque les parties n'ont pas adopté un parafe à la suite de leurs signatures, elles écrivent les lettres initiales de leurs nom et prénoms.

Les femmes signent toujours leurs noms de fille, quand bien même elles auraient été mariées plusieurs fois ; elles peuvent ajouter à leur nom, *femme* ou *veuve* d'un tel.

(2) A peine de nullité des actes, d'après l'art. 68 ci-après. Cependant, le conseil d'état a décidé, le 16 juin 1810, que le vœu du législateur était d'annuler seulement les actes notariés où la mention des signatures des parties et des témoins avait été omise, et non ceux où le notaire avait oublié de mentionner sa signature. (*Décision du conseil d'état, du 16 juin 1810.*)

(3) Quant aux parties qui ne peuvent signer, on doit énoncer la cause qui les empêche de le faire ; néanmoins, cela n'est de rigueur que pour les testaments. (*Art. 973, du code civil.*) Dans les autres actes, on peut se borner à mettre la déclaration de la partie qu'elle ne peut signer. (*M. Massé, Tom. I. pag. 414.*)

ART. 15. Les renvois et apostilles ne pourront, sauf l'exception ci-après, être écrits qu'en marge ; ils seront signés ou parafés, tant par les notaires que par les autres signataires, à peine de nullité des renvois et apostilles. Si la longueur du renvoi exige qu'il soit transporté à la fin de l'acte, il devra être non-seulement signé et parafé comme les renvois écrits en marge, mais encore expressément approuvé par les parties, à peine de nullité du renvoi.

Si un notaire avait omis de faire approuver un renvoi par l'un des contractants, les autres parties ne pourraient point faire assigner cette personne pour approuver le renvoi, ni demander à faire preuve par témoins qu'elle en était convenue en leur présence et en la présence des témoins; parce que la preuve par témoins, contre et outre le contenu à l'acte, est inadmissible, aux termes de l'art. 1341 du code civil.

Art. 16. Il n'y aura ni surcharge (1), ni addition dans le corps de l'acte; et les mots surchargés, interlignés ou ajoutés, seront nuls. Les mots qui devront être rayés, le seront de manière que le nombre puisse en être constaté à la marge de leur page correspondante, ou à la fin de l'acte (2), et approuvé de la même manière que les renvois écrits en marge; le tout à peine d'une amende de 50 fr. contre le notaire, ainsi que tous dommages-intérêts, même de destitution en cas de fraude.

(1) Un acte public dont la *date* est surchargée, est nul, comme n'étant pas daté; sa nullité n'est pas couverte par l'exécution que la convention a reçue. (*Arrêt de la cour de cassation, du 27 mars 1811.*)

(2) Les notaires ont généralement adopté ce dernier moyen ; ils placent à la fin et sur la marge des minutes ou brevets de leurs actes, la mention par laquelle ils constatent la rature des lignes et des mots.

Quand il y a des mots rayés dans un renvoi, on dit : *Rayé tant de mots comme nuls, y compris ceux au nombre de   qui se trouvent dans telle apostille.*

A l'égard des grosses et expéditions, on met ordinairement l'approbation des mots rayés au-dessus des signatures des notaires.

Art. 17. Le notaire qui contreviendra aux lois et aux arrêtés du Gouvernement concernant les noms et qualifications supprimés, les clauses et expressions féodales (1), les mesures (2) et l'annuaire de la république (3) ainsi que la numération décimale (4) sera condamné à une amende de 100 fr., qui sera double en cas de récidive.

(1) Ceci paraît être tombé en désuétude depuis le rétablissement de la monarchie en France, encore bien que le régime féodal n'existe plus. Cependant un décret du premier mars 1808 défendait aux notaires de donner à qui que ce fût d'anciens titres et qualifications qui n'auraient pas été conservés par le chef du Gouvernement ; renouvelant, autant qu'il serait besoin, contre les contrevenants les lois en vigueur.

(2) Les notaires doivent donc exprimer en *mesures métriques*, toutes les quantités de mesures

sures agraires ou autres qu'ils ont à énoncer; mais il est toujours d'usage d'énoncer entre parenthèses les mesures anciennes auxquelles correspondent les nouvelles. Nous indiquons ici le *Manuel des poids et mesures, par M. Tarbé*, comme un des meilleurs ouvrages qui aient été publiés jusqu'à ce jour sur cet objet.

(3) Un sénatus-consulte du 22 fructidor an 13 (9 septembre 1805) a supprimé le calendrier républicain qui avait été établi par décret de la convention du 5 octobre 1793, et a rétabli le calendrier grégorien, à compter du 11 nivose an 14 (1er janvier 1806). Lorsqu'il y a lieu de rapporter les dates du calendrier républicain, il est bon d'y joindre celles du calendrier grégorien qui y correspondent.

(4) Toutes stipulations de sommes d'argent ne peuvent être énoncées qu'en francs et centimes, à compter du 1er vendémiaire an 8 (ou 23 septembre 1799). Depuis lors, toutes les sommes sont censées évaluées en francs et centimes, quand bien même les actes porteraient des livres, sous et deniers.

Mais l'acquittement des obligations antérieures au 1er vendémiaire an 8, doit être fait en valeur de l'ancienne livre tournois, encore bien qu'on se fût servi de l'expression de *francs* au lieu de celle de *livres*. (*Loi du 17 floréal an 7.*)

Art. 18. Le notaire tiendra exposé, dans son étude, un tableau sur lequel il inscrira les noms, prénoms, qualités et demeures des personnes qui, dans l'étendue du ressort où il peut exercer, sont interdites et assistées d'un conseil judiciaire, ainsi que la mention des jugements relatifs ; le tout immédiatement après la notification qui en aura été faite, et à peine des dommages-intérêts des parties.

Les secrétaires des chambres de discipline délivrent à chaque notaire un extrait des jugements d'interdiction et de nomination de conseil, qui ont été signifiés aux chambres. (*Art. 92 du décret du 16 février 1807, 34.e alinéa.*)

Art. 19. Tous actes notariés feront foi en justice, et seront exécutoires dans toute l'étendue du royaume.

Néanmoins, en cas de plaintes en faux principal, l'exécution de l'acte argué de faux sera suspendue par la déclaration du jury d'accusation, prononçant qu'*il y a lieu à accusation* : en cas d'inscription de faux, faite incidemment, les Tribunaux pourront, suivant la gravité des circonstances, suspendre provisoirement l'exécution de l'acte.

Art. 20. Les notaires seront tenus de garder minute de tous les actes qu'ils recevront.

Ne sont néanmoins compris dans la présente disposition, les certificats de vie, procurations, actes de notoriété, quittances de fermages, de loyers, de salaires, arrérages de pensions et rentes, et autres actes simples qui, d'après les lois, peuvent être délivrés en brevet.

Voyez l'art. 68, pour les cas de contravention.

* D'après un procès-verbal de la Chambre séante à Paris, du 31 mars 1808, les notaires peuvent délivrer, *en brevets* les obligations, même excédant 300 francs, et portant hypothèque.

Cette décision est un peu vague, car il s'en suivrait qu'on pourrait délivrer en brevet une obligation de quelque somme que ce fût.

Les notaires ne doivent ou ne devraient délivrer *en brevets* que les actes les plus simples, tels que ceux qui sont énoncés en l'article 20 ci-dessus : ils devraient, au contraire, garder minute des obligations qui confèrent hypothèque et excèdent 300 francs; des quittances qui contiennent main-levée d'inscriptions, pour qu'on fût toujours à même de faire rayer ces inscriptions; des transports contenant subrogation d'hypothèque ou de privilége; des délégations qui sont causées pour demeurer quittes par les cédants envers les cessionnaires de sommes dues par jugements ou actes dont il y aurait minutes; et généralement de tous les actes synallagmatiques, de ceux qui détruisent l'effet de précédents actes faits en minutes, et de tous ceux dont la perte, s'ils étaient délivrés en brevets, pourraient porter quelque grave préjudice aux parties.

Les *minutes* peuvent être écrites de la main des clercs, à l'exception des testaments que les notaires doivent écrire eux-mêmes. L'usage ne veut pas non plus que les clercs écrivent des inventaires dans lesquels ils figureraient comme héritiers. (*Arrêt du Parlement de Paris, du 6 avril 1632.*)

On met les *minutes* en liasses, par ordre de dates et mois par mois, et on les renferme dans des boîtes ou cartons.

Les minutes des contrats et actes où deux notaires sont appelés concurremment, demeurent au plus ancien, eussent-ils même été dressés par le plus jeune, à l'exception toutefois des actes mentionnés ci-après, dont les minutes ne restent pas de droit au notaire le plus ancien, et sur la propriété desquelles les anciens règlements ont statué.

« Les minutes des contrats de vente appar-
» tiennent au notaire de l'acquéreur.
» Celles des échanges avec soute, au notaire
» de l'échangiste qui paie ou doit la soute.
» Celles des obligations et constitutions de
» rente, au notaire prêteur.
» Celles des transports au notaire du ces-
» sionnaire.
» Celles des contrats de mariage au notaire de
» la future.
» Celles des baux au notaire des bailleurs.
» Celles des quittances au notaire de la partie
» qui fait le paiement.
» La minute d'une donation appartient au
» notaire le plus ancien.

Quant aux minutes des inventaires, nous en parlerons dans la suite de cet ouvrage.

ART. 21. Le droit de délivrer des grosses et des expéditions n'appartiendra qu'au notaire possesseur de la minute, et, néanmoins, tout notaire pourra délivrer copie d'un acte qui lui aura été déposé pour minute.

Les notaires peuvent aussi délivrer 1°. copies des actes qui sont annexés aux minutes dont ils sont dépositaires; 2°. et des copies collationnées de toutes pièces qui leur sont présentées.

Voyez l'art. 839 et suivants du code de procédure, pour le cas où le notaire pense devoir refuser une expédition.

Les notaires délivrent aux préposés de l'enregistrement les expéditions dont ils ont besoin, moyennant une rétribution qui, suivant une décision du ministre des finances, du 19 janvier 1808, est de 75 centimes du rôle pour Paris, et de 50 centimes pour les départements, outre le papier timbré.

ART. 22. Les notaires ne pourront se dessaisir d'aucune minute, si ce n'est dans les cas prévus par la loi, et en vertu d'un jugement.

Avant de s'en dessaisir, ils en dresseront et signeront une copie figurée, qui, après avoir été certifiée par le président et le procureur du roi de leur résidence, sera substituée à la minute, dont elle tiendra lieu jusqu'à sa réintégration.

Voyez le code civil, art. 2060, le code de

procédure, art. 201 et suiv., et le code criminel, art. 455.

Un testateur peut cependant se faire remettre la minute de son testament, en en donnant une décharge notariée.

Art. 23. Les notaires ne pourront également, sans l'ordonnance du président du Tribunal de première instance, délivrer expédition ni donner connaissance des actes à d'autres qu'aux personnes intéressées en nom direct, héritiers ou ayant-droit, à peine de dommages-intérêts, d'une amende de 100 fr. et d'être, en cas de récidive, suspendus de leurs fonctions pendant 3 mois; sauf néanmoins l'exécution des lois et règlements sur le droit d'enregistrement, et de celles relatives aux actes qui doivent être publiés dans les Tribunaux.

Voyez le code de procédure, art. 839 jusques et compris l'art. 852.

Art. 24. En cas de compulsoire, le procès-verbal sera dressé par le notaire dépositaire de l'acte, à moins que le tribunal qui l'ordonne, ne commette un de ses membres, ou tout autre juge, ou un autre notaire.

Art. 25. Les grosses seules seront délivrées en forme exécutoire; elles seront intitulées et terminées dans les mêmes termes que les jugements des tribunaux.

Arrêté qui détermine la formule des grosses d'actes passés devant notaire.

Du 15 prairial an XI.

Le Gouvernement sur le rapport du ministre de la justice, arrête :

Art. 1er. Les grosses en forme exécutoire des actes passés devant notaire seront intitulées ainsi qu'il suit :

Voyez page 12 de ce Manuel.

Art. 2. Les mêmes grosses seront terminées ainsi qu'il suit :

« Mandons et ordonnons à tous huissiers sur » ce requis, de mettre ces présentes à exécu- » tion ; à tous commandants et officiers de la » force publique d'y prêter main-forte, lors- » qu'ils en seront légalement requis ; et aux » commissaires près les tribunaux d'y tenir la » main. En foi de quoi, nous avons fait sceller » ces présentes, qui furent faites et passées » à le Et ont, les parties, » signé à la minute demeurée à M.e etc.

Les actes dont les notaires doivent délivrer les copies en forme exécutoire, sont ceux qui portent un engagement formel de payer ou livrer des choses liquides et certaines : ils ne peuvent donc délivrer que de simples expéditions des actes dont il ne résulte aucun engagement de cette nature, et qui ne renferment que des obligations de faire ou de ne pas faire, ou de souffrir une chose.

Un contrat revêtu de la forme exécutoire, a la même force que l'expédition d'un jugement. On peut, en vertu de la grosse d'un acte, faire saisir et vendre les biens d'un débiteur.

Art. 26. Il doit être fait mention sur la minute, de la délivrance d'une première grosse faite à chacune des parties intéressées : il ne peut lui en être délivré d'autre, à peine de destitution, sans une ordonnance du président du tribunal de première instance, laquelle demeurera jointe à la minute.

Voyez pages 12 et 13 de ce Manuel, et l'art. 854 du code de procédure.

Plusieurs personnes peuvent avoir droit à la grosse d'un même acte, comme dans le cas où une obligation serait souscrite au profit de deux particuliers pour raison de sommes différentes par eux prêtées; où un bail serait fait par propriétaires indivis, etc. alors on fait ordinairement consentir par le débiteur, le locataire ou fermier, qu'il sera délivré une *grosse* à chaque créancier ou propriétaire.

On délivre des grosses par *extrait*, dans diverses circonstances, par exemple, quand il est dû, par un partage, une soute à l'un des co-héritiers.

Art. 27. Chaque notaire sera tenu d'avoir un cachet ou sceau particulier, portant ses nom, qualité et résidence, et d'après un modèle uniforme, le type de la République française (1).

(1) A présent, les armes de France.

Art. 28. Les actes notariés seront légalisés, savoir : ceux des notaires à la résidence des tribunaux (1) d'appel, lorsqu'on s'en servira hors de leur ressort ; et ceux des autres notaires, lorsqu'on s'en servira hors de leur département.

La légalisation sera faite par le président du tribunal de première instance de la résidence du notaire, ou du lieu où sera délivré l'acte ou l'expédition (2).

(1) A présent *cours d'appel.*

(2) Voyez la nomenclature au mot *légalisation.*

Lorsqu'il est question de faire usage, en pays étranger, d'un acte reçu par un notaire du royaume, il faut alors que la *légalisation* de M. le Président soit attestée vraie par le Chancelier, ministre de justice, que la signature du Chancelier soit certifiée par le Ministre des relations extérieures, et enfin que la signature de ce ministre soit reconnue par l'Ambassadeur dela puissance dans les états de laquelle l'acte sera produit ou exécuté.

Les procurations et autres pièces venant de l'étranger, sont *légalisées* par le Ministre des relations extérieures avant d'être déposées pour minute.

Art. 29. Les notaires tiendront répertoire de tous les actes qu'ils recevront.

Art. 30. Les répertoires seront visés, cotés et parafés par le président, ou, à son défaut, par un autre juge du tribunal civil de la résidence : ils contiendront la date, la nature et l'espèce de l'acte, le nom des parties et la relation de l'enregistrement.

(*Voyez ci-devant page 46.*)

Les notaires inscrivent jour par jour sur leurs répertoires, sans blanc et sans interligne, par ordre de numéros, tous les actes qu'ils reçoivent en minutes et en brevets, sous peine de dix francs d'amende pour chaque contravention. (*Art. 49 de la loi du 22 frimaire an 7.*) On y porte également les copies collationnées.

Les clercs qui se trouvent chargés du répertoire, doivent y apporter la plus grande attention.

Les répertoires sont visés, tous les trois mois par les receveurs de l'enregistrement de la résidence. La présentation doit leur en être faite, à cet effet, par les notaires, dans les dix premiers jours de chacun des mois de janvier, avril, juillet et octobre, à peine d'une amende de dix francs par chaque dixaine de jours de retard. (*Art. 51 de la loi précitée.*)

Les notaires sont tenus de communiquer leurs répertoires à toute réquisition, aux préposés de l'enregistrement, qui se présentent chez eux pour les vérifier, à peine d'une amende de 50 fr. en cas de refus. (*Art. 52 idem.*)

Ils déposent, dans les deux premiers mois de chaque année, et au plutard le dernier jour du mois de février, au greffe du Tribunal de premi ère instance de leur résidence, la copie, sur papier timbré, de leurs répertoires, laquelle est certifiée véritable par eux, sous peine de 100 francs d'amende pour chaque mois de retard. (*Lois des 6 octobre 1791 et 25 floréal an 4, et décision du grand-juge du 8 brumaire an 12.*) L'amende pour chaque mois de retard est encourue au premier jour du troisième mois, comme à la fin. (*Décision du ministre du 5 mai 1807.*)

L'acte qui constate le dépôt au greffe du répertoire, n'est point sujet à l'enregistrement. (*Décision du ministre des finances du 26 avril 1819; journal de l'enregistrement, articles 5684 et 6357.*)

TITRE 2.

Régime du notariat.

La première section, composée des articles 31, 32, 33 et 34, est relative *au nombre, au placement et au cautionnement des notaires.*

La deuxième traite *des conditions pour être admis au notariat, et du mode de nomination.*

Pour être admis aux fonctions de notaire, il faut (suivant l'art. 35) jouir de l'exercice des droits de citoyen, être âgé de 25 ans accomplis, et justifier du temps de travail prescrit par les art. 36, 37 et suivants.

La troisième section concerne *les chambres de discipline.*

Dispositions générales.

ART. 68. Tout acte fait en contravention aux dispositions contenues aux articles 6, 8, 9, 10, 14, 20, 52, 64, 65, 66 et 67, est nul, s'il n'est pas revêtu de la signature de toutes les parties; et lorsque l'acte sera revêtu de la signature de toutes les parties contractantes, il ne vaudra que comme écrit sous signature privée; sauf, dans les deux cas, s'il y a lieu, les dommages-intérêts contre le notaire contrevenant.

ART. 69. La loi du 6 octobre 1791, et toutes autres, sont abrogées en ce qu'elles ont de contraire à la présente.

N. B. Dans la seconde partie du Manuel, nous offrirons à nos jeunes lecteurs des instructions sur toutes sortes d'actes, en commençant par les plus simples, et en suivant une marche progressive, afin qu'ils puissent profiter avantageusement de nos leçons. Nous accompagnerons ces instructions de modèles, mais sans trop les multiplier; car nous sommes intimement convaincus que c'est par la pratique et à force d'expédier qu'on se forme à la rédaction. Dans ces modèles, nous nous attacherons à suivre le style des notaires de Paris;

Paris; et si nous nous permettons de légères innovations (1), nous ferons ensorte qu'elles ne soient nuisibles [illegible] ni pour l'ordre ni pour la clarté: au surplus, nous aurons soin de conserver les termes et expressions employés dans les codes.

---

(1) Nous avouons, avec M. [illegible]-Deschesnes, qu'il y a, dans les actes, des locutions, des tournures de phrases que l'usage et le temps y ont introduites, et qu'il est bon de conserver: toutefois, il reste à remarquer qu'on y viole souvent les règles les plus simples de la syntaxe; qu'on y passe du passé-défini au présent, du présent au passé-indéfini; qu'ainsi, dès le commencement de l'acte, on dit: *furent présents, le sieur un tel et la dame son épouse, qu'il autorise, etc.*; puis, *lesquels ont vendu*; plus loin, *ils reconnaissent, déclarent, s'obligent, etc.* Qui empêcherait cependant de dire: *Par-devant, etc. ont comparu, le sieur un tel et la dame son épouse, qu'il a autorisée, etc. lesquels ont vendu, se sont obligés, ont reconnu, déclaré, etc.* Du moins, il y aurait concordance de temps.

Au lieu de *chacun an*, qui est un barbarisme, ne peut-on pas dire *chaque année, etc.*

CHAPITRE 5.

EXTRAIT DES LOIS SUR LE TIMBRE.

Du 13 *nivose an* 7 (3 *novembre* 1798.)

ARTICLE PREMIER.

LA contribution du timbre est établie sur tous les papiers destinés aux actes civils et judiciaires, et aux écritures qui peuvent être produites en justice et y faire foi.

Il n'y a d'autres exceptions que celles qui sont *nommément* exprimées dans la présente.

ART. 7. Les citoyens qui voudront se servir de papiers autres que ceux de la régie, ou de parchemin, seront admis à les faire timbrer avant que d'en faire usage.

Voyez l'art. 18 *ci-après.*

ART. 8. Le prix des papiers timbrés fournis par la régie, et les droits de timbre des papiers que les citoyens feront timbrer, seront fixés ainsi qu'il suit ; savoir :

1°. *Droit de timbre en raison de la dimension du papier.*

La feuille de *grand registre*. . 1 f 50 c

Celle de *grand papier*. . . . . 1 »

Celle de *moyen papier*. . . . . » 75

Celle de *petit papier*. . . . . . » 50

Et la demi-feuille de ce *petit papier*. . . . . » 25

(Voyez ci-après l'art. 62 de la loi du 28 avril 1816.)

2°. *Droit de timbre gradué en raison des sommes* (à y exprimer.)

Ce droit est de 50 centimes par 1,000 fr. inclusivement et sans fraction, à quelque somme que puissent monter les effets.

(Voyez l'art. 64 de la loi du 28 avril 1816.)

Art. 11. Les citoyens qui voudront faire des effets au-dessus de 20,000 francs (1), seront tenus de présenter les papiers qu'ils y destineront, au receveur de l'enregistrement, et de les faire *viser pour timbre*, en payant le droit à raison de 50 centimes pour 1,000 francs, sans fraction, ainsi qu'il est réglé par l'art. 8.

Art. 12. Sont assujettis au droit du timbre établi en raison de la dimension, tous les papiers à employer pour les actes et écritures, soit publics, soit privés, savoir :

---

(1) Il n'y a de papier timbré pour les billets que jusqu'à concurrence de cette somme.

1° Les actes des notaires et les extraits, copies et expéditions qui en sont délivrés ;

Ceux des huissiers, etc.

Les pétitions et mémoires, même en forme de lettres, présentés aux ministres, à toutes autorités constituées, ... aux administrateurs ou établissements publics ;

Les actes entre particuliers sous signature privée, et le double des comptes de recette ou gestion particulière ;

Et généralement tous actes et écritures, extraits, copies et expéditions, soit publics, soit privés, devant ou pouvant faire titre, ou être produits pour obligation, décharge, justification, demande ou défense (1) ;

Les registres de l'autorité judiciaire....

Ceux des notaires, ... et leurs répertoires.

ART. 13. Tout acte fait et passé en pays étranger, ou dans les îles et colonies françaises, où le timbre n'aura pas encore été établi, sera soumis au timbre avant qu'il puisse en être fait usage en France, soit dans un acte public, soit dans une déclaration quelconque, soit devant une autorité judiciaire ou administrative.

---

(1) Les reconnaissances de dépôts faits entre les mains des particuliers sont pareillement assujetties au timbre. (*Décret du premier avril 1808.*)

Art. 14. Sont assujettis au droit de timbre en raison des sommes et valeurs, les billets à ordre ou au porteur, les rescriptions, mandats, mandements, ordonnances et tous autres effets négociables ou de commerce, même les lettres de change tirées par 2me, 3me et *duplicata*, et ceux faits en France et payables chez l'étranger (1).

Voyez la solution rapportée ci-après page 95.

Art. 15. Les effets négociables venant de l'étranger ou des îles et colonies françaises où le timbre n'aurait pas encore été établi, seront, avant qu'ils puissent être négociés, acceptés ou acquittés en France, soumis au timbre ou au *visa pour timbre*, et le droit sera payé pour la quotité fixée par l'art. 8 de la présente.

Art. 16. Sont exceptés du droit et de la formalité du timbre, toutes quittances, même celles entre particuliers, pour créances en sommes non excédant dix francs, quand il ne s'agit pas d'un à-compte ou d'une quittance finale sur une plus forte somme.

Art. 18. La faculté accordée par l'art. 7

---

(1) L'avis du conseil d'état du premier avril 1808, comprend dans cet article les reconnaissances des dépôts faits entre les mains de particuliers.

de la présente.... est interdite aux notaires, huissiers, etc.

Les notaires pourront néanmoins faire timbrer, à l'extraordinaire, du parchemin, lorsqu'ils seront dans le cas d'en employer.

Art. 19. Les notaires ne pourront employer, pour les expéditions des actes retenus en minute, et de ceux déposés ou annexés, de papier timbré d'un format inférieur à celui appelé *moyen papier*, et dont le prix est fixé à 75 centimes la feuille, par l'art. 8 de la présente. Ce prix sera aussi celui du parchemin que l'on voudra employer pour expédition, sans égard à la dimension, si toutefois elle est au-dessous de celle de ce papier.

Voyez l'art. 28 de la loi du 28 avril 1816.

(Les minutes, actes en brevets et copies collationnées peuvent être écrits sur papier timbré à 75, à 50 et à 25 centimes.)

Art. 20. Les papiers employés à des expéditions ne pourront contenir, compensation faite d'une feuille à l'autre, savoir :

Plus de 25 lignes par page de moyen papier, etc. (1).

---

(1) Les expéditions de tous les actes reçus par les notaires, y compris celles des inventaires et de tous procès-verbaux, contiendront 25 lignes à la page et 15 syllabes à la ligne, et leur seront payées par chaque rôle, à Paris, 3 francs ; dans les villes

ART. 21. L'empreinte du timbre ne pourra être couverte d'écriture ni altérée.

Voyez l'art. 26.

ART. 22. Le papier timbré qui aura été employé à un acte quelconque, ne pourra plus servir pour un autre acte, quand même le premier n'aurait pas été achevé.

Voyez l'art. 26.

ART. 23. Il ne pourra être fait ni expédié deux actes à la suite l'un de l'autre sur la même feuille de papier timbré, nonobstant tout usage ou règlement contraire.

Sont exceptés les ratifications des actes passés en l'absence des parties, les quittances de prix de ventes, et celles de remboursement de contrats de constitution ou obligations, les inventaires, procès-verbaux et autres actes qui ne peuvent être consommés dans un même jour et dans la même vacation.

Il pourra aussi être donné plusieurs quittances sur une même feuille de papier timbré, pour à-compte d'une seule et même créance, ou d'un seul terme de fermage ou loyer (1).

---

où il y a tribunal de première instance, 2 francs; partout ailleurs, 1 fr. 50 c. (*Tarif des frais et dépens, décret du 16 février 1807.*)

(1) On peut faire expéditions, copies, grosses ou

Toutes autres quittances qui sont données sur une même feuille de papier timbré, n'ont pas plus d'effet que si elles étaient sur papier non timbré.

Art. 24. Il est fait défenses aux notaires d'agir sur un acte, registre ou effet de commerce, non écrit sur papier timbré du timbre prescrit, ou non visé pour timbre. (1)

Voyez l'art. 26.

Aucun juge ou officier public ne pourra non

---

extraits à la suite les uns des autres, d'un acte et de toutes les pièces qui y sont annexées, parce que ces pièces sont réputées faire partie de l'acte auquel elles sont jointes.

La disposition de l'art. 23 qui permet de placer certains actes, à la suite les uns des autres, sur le même papier, a évidemment été déterminée par l'utilité de la réunion de ces différents actes: en conséquence elle doit avoir son effet nonobstant les changements de timbre; et il suffit que la formalité ait été remplie, n'importe à quelle époque, même avant 1791, pour autoriser, dans le cas d'exception prévu par la loi, la rédaction d'un nouvel acte à la suite de celui écrit sur du papier frappé d'un timbre devenu hors d'usage.

(*Décision du Ministre des finances du 4 brumaire an 11; Instruction générale du 22 prairial suivant, n°. 137; dictionnaire de l'enregistrement, p. 647.*)

(1) Mais ils le peuvent en vertu des actes exempts de la formalité du timbre, tels que les lois et actes du Gouvernement, les inscriptions sur le grand-livre et les effets publics.

plus coter et parafer un registre assujetti au timbre, si les feuilles n'en sont timbrées. (1)

Art. 26. Il est prononcé, par la présente, une amende ; Savoir :

1°. De 15 francs, pour contravention, par les *particuliers*, aux dispositions de l'art. 21 ci-dessus ;

2°. De 25 francs, pour contravention aux [illegible], par les officiers et fonctionnaires publics ;

3°. De 30 francs, par chaque acte ou écrit sous signature privée, fait sur papier non timbré, ou en contravention aux art. 22 et 23 ;

4°. De 50 francs, pour contravention à l'art. 19, de la part des officiers et fonctionnaires publics y dénommés ;

5°. De 100 francs, pour chaque acte public ou expédition écrite sur papier non timbré, et pour contravention aux art. 17, 18, 22, 23 et 24, par les officiers et fonctionnaires publics ;

---

(1) Cette disposition paraît être abrogée, quant aux inventaires, par l'art. 943 du code de procédure, qui enjoint aux notaires de coter et parafer les livres et registres de commerce, s'il y en a. Au surplus, qu'on doive ou non les coter et parafer, les notaires peuvent, dans tous les cas, les inventorier, c'est-à-dire, en faire la description dans leurs inventaires. (*M. Massé, tome 1, p. 64.*)

6°. Et du 20e de la somme exprimée dans un effet négociable, s'il est écrit sur papier non timbré, ou sur un papier timbré d'un timbre inférieur à celui qui aurait dû être employé, aux termes de la présente, et pour contravention aux articles 22 et 23.

L'amende sera de 30 francs, dans les mêmes cas, pour les effets au-dessous de 600 fr.

Les contrevenants, dans tous les cas ci-dessus, paieront en outre les droits de timbre.

Loi du 6 prairial an 7 (25 mai 1799), qui ordonne la perception d'une subvention extraordinaire de guerre sur les droits d'enregistrement, de timbre, d'hypothèque, etc.

ART. 1er. A compter du jour de la publication de la présente loi, il sera perçu, au profit de la République, à titre de subvention extraordinaire de guerre, pour l'an 7, *un décime par franc* en sus des droits d'enregistrement, de timbre, d'hypothèques, etc. (1) *Voyez cependant la loi du 28 avril* 1816, *article* 67.

---

(1) Depuis cette loi du 6 prairial an 7, ce droit de *subvention* a toujours été perçu et l'est encore.

SOLUTION IMPORTANTE

De l'Administration de l'Enregistrement, du 29 messidor an 7, relativement aux conventions portant reconnaissance de sommes dues.

Toutes conventions quelconques portant reconnaissance de sommes dues, doivent être écrites sur papier du timbre proportionnel, à moins qu'elles n'aient été faites *doubles*, et qu'elles ne contiennent des marchés, transmissions, ventes, cessions et autres actes *synallagmatiques*, qui continuent de n'être sujets qu'au timbre de dimension.

Loi du 28 avril 1816.

Art. 62. Le droit du timbre ordinaire et extraordinaire pour les actes, est fixé ainsi qu'il suit :

Demi-feuille de petit papier. .	0 f 35 c.
Feuille *idem*.	0 70
Feuille de moyen papier. . .	1 25
Feuille de grand papier. . . .	1 50
Feuille de dimensions supérieures.	2

Art. 63. Aucune expédition, copie ou extrait d'actes reçus par des notaires, ne peut être délivrée que sur papier de 1 f 25 c.

Art. 64. Les droits du timbre proportionnel sur les effets de commerce seront augmentés des 2 cinquièmes du montant fixé par l'art. 10 de la loi du 13 brumaire an 7.

Art. 67. La subvention du dixième ne sera point ajoutée aux droits de timbre énoncés aux articles précédents.

DROITS D'ENREGISTREMENT (1).

Actes	fr.	c.	
Actes de notoriété, autorisations, décharges de pièces, dépôts, main-levées, procurations, substitutions de pouvoirs, etc.	2	»	Fixe, plus le 10e.
Prorogations de délai, ratifications, etc.	1	»	
Titres nouvels	3	»	
Contrats de mariage, donations éventuelles, testaments	5	»	
Inventaires, par chaque vacation	2	»	
Quittances	»	50	Par 100 f. plus le 10e.
Obligations, transports ou délégations de créances à terme	1	»	
Transports de rentes et ventes de meubles	2	»	
Ventes d'immeubles	5	»	
Baux d'immeubles, sur les 2 premières années	»	75	
Baux d'immeubles, sur les suiv[tes]	»	20	

(1) Nous donnerons dans une autre partie du *Manuel*, un extrait des lois sur l'enregistrement et sur les droits d'hypothèques, avec les solutions les plus importantes.

Donations

Par 100 francs, plus le 10e.

		fr.	c.
Donations par contrat de mariage :			
En ligne directe,	mobilier,	»	62 ½
	immeubles,	2	75
D'un futur à l'autre	mob.	»	75
	imm.	3	»
Entre parents,	mob.	1	25
	imm.	4	»
Entre étrangers,	mob.	1	75
	imm.	5	»
Donations par actes entre-vifs :			
En ligne directe,	mobilier,	1	25
	immeubles,	4	»
Entre époux,	mob.	1	50
	imm.	4	50
Entre parents,	mob.	2	50
	imm.	6	50
Entre étrangers,	mob.	3	50
	imm.	8	50
Droits de succession :			
En ligne directe,	mobilier,	»	25
	immeubles,	1	»
Entre époux,	mob.	1	50
	imm.	3	»
Entre parents,	mob.	2	50
	imm.	5	»
Entre étrangers,	mob.	3	50
	imm.	7	»

FIN DE LA PREMIÈRE PARTIE.

ERRATA.

Page 44, ligne 8, *la afférente*, lisez *la portion afférente*.

P. 57, lig. 8, *a extrait*, lisez *a été extrait*.

P. 62, lig. 2, retranchez le mot *légalement*.

P. 65, lig. 28, *qui le reçoit*, lisez *qui les reçoit*.

P. 71, lig. 17, ajoutez *ni interligne*.

Omis dans la nomenclature.

INVENTAIRE. — Procès-verbal contenant la description des meubles et effets, titres et papiers d'une personne décédée.

P. 96. DROITS D'ENREGISTREMENT.

Constitutions de rentes, . . . 2 f par 100 f

Transport de rentes créées avant le 11 brumaire an 7, ... 3 f 50 c par 100 f, compris le droit de transcription.

TABLE DES MATIÈRES.

FIN DE LA TABLE.

www.ingramcontent.com/pod-product-compliance
Ingram Content Group UK Ltd.
Pitfield, Milton Keynes, MK11 3LW, UK
UKHW020254220726
13923UKWH00002B/926

9 782019 985325